入門

新リーダーの必須スキル

チームがまとまる！
成果が上がる！

谷 益美
Tani Masumi

ファシリテーション・ノウハウ

Facilitation

PHP

はじめに

「ファシリテーションは、今の自分の仕事には直接関係ない」と思っていませんか？
しかし誰でも、突然ファシリテーターになる可能性があります。

初めて部下をもつことになったら
新規プロジェクトのリーダーに指名されたら
会議の司会を任されたら
歓送迎会や忘年会、新年会などの社内行事の幹事を頼まれたら

そんなときに役立ち、力強いサポートをしてくれるのがファシリテーションです。
ファシリテーション・ノウハウをもつ人なら、メンバーの力を引き出し、チームの力をまとめることで、自分に求められる役割や期待に応えていくことができます。

人間関係をしっかりと見極め、メンバーの強みややる気を「対話」で引き出し、みんなが快く動ける環境を整えて、結果を出せるチームに育て上げていくことができるのです。


ファシリテーションは、会社組織という「大きな集合体」だけでなく、会議や飲み会などの小さな「その場だけの集まり」でも機能します。

解決が難しいシビアな内容を話し合う会議のときも、空気を前向きに切り替え、解決策を引き出せるように、促します。

また、「初めまして」の人たちが集まる場なら、その緊張感を和らげ、良好な関係性を生み出すこともできます。


「場の空気をコントロール」するのもファシリテーションの力。


それが身につけば、対応力の幅はぐんと広がります。

日常の業務も活性化し、目に見える成果を出せるようになるでしょう。

ファシリテーションは、チームや組織の運営、また、より良好な人間関係を構築していくうえでも、非常に役立つスキルです。

とくに、会議のオンライン化やテレワークが一気に進み、日常の連絡がメールやチャットなど、テキストでのコミュニケーションが中心になった今、リアル、オンラインを問わず、コミュニケーションを通じてメンバーの意欲や活動を活性化させるファシリテーションの重要性は、ますます増しています。

ぜひこの本を使って、効率的に「チームを率いて成果を生み出す」ためのファシリテーション・ノウハウを身につけてください。

谷　益美

チームがまとまる!成果が上がる!
ファシリテーション・ノウハウ

目次

第3章

「まとめる」スキル
——ホワイトボードを最大限に活用する

第4章 成果が出る! 会議の準備と段取り

第5章 会議をうまくまとめる方法

第6章
事例ストーリー「もしも突然ファシリテーターに指名されたら」

装丁　小口翔平＋加瀬梓（tobufune）
編集協力　中西后沙遠

第1章

ファシリテーションは「引き出して」「まとめる」スキル

ファシリテーションとは？

まず第1章では、「ファシリテーションとは、そもそもどういうものなのか」「何をするのか」「身につけることで何が変わり始めるのか」という点についてお伝えします。

日本では会議運営の手法として認知されることが多いファシリテーション。この本でも会議について詳しくご紹介していますが、本来の活用範囲は、会議に留まるものではありません。

チームや組織の運営、また、より良好な人間関係を構築していくうえでも、非常に役立つスキルです。めまぐるしく変化し続ける時代の中で、スピードと成果の両方を求められるビジネスパーソンにとって、ぜひとも押さえておきたい技術だと言えます。

特に、コミュニケーションを通じてメンバーの意欲や活動を活性化させるファシリテーションの重要性は、ますます増しています。

では、ファシリテーションとは、いったいどのようなスキルなのでしょうか？

言葉の意味を調べてみると、ファシリテーション（facilitation）とは「促進する、容易にする」こと。チームやメンバーの活動がスムーズに進むよう後押しすることです。そのためには、チーム活動を促進させる良質なコミュニケーションが必要です。

チーム活動を促進するファシリテーションとは、ひとことで言えば、「引き出して、まとめる」コミュニケーションスキル。

対話を通して、年齢も経験も性格も異なるメンバーから、様々なものを引き出し、ゴールに向けてまとめていくための技術なのです。

ファシリテーションのノウハウを身につけるために、知識や経験の豊富さ、持って生まれた資質などは、必ずしも重要ではありません。大切なのは、メンバーから引き出し、チームをまとめ、成果を生み出そうとする意欲と行動です。

「引き出して、まとめる」具体的なやり方を知り、行動し、試行錯誤することで、必ずスキルは身につきます。

この本では、私自身が実地の経験から導き出したファシリテーションのエッセンスを、もれなくお伝えしていきますが、まずは「引き出して、まとめる」とは具体的にどういうことかを整理しておきましょう。

「引き出す」スキル

ファシリテーションスキルを使い、チーム活動を促進しようとする人のことを、ファシリテーターと呼びます。

ファシリテーターの役割は、自分が先頭に立ってメンバーを引っ張るというよりも、「メンバーの仕事、チームの仕事がやりやすいように手助けをする」というイメージです。自分だけが頑張るのではなく、メンバーの主体性を引き出して、チームの成果を上げることが大切ですから、メンバーから「引き出す」スキルが欠かせません。

ファシリテーターは目の前の相手に働きかけ、意見、やる気、目標、アイデア、才能、強みなど、チームを強くするポジティブな要素を引き出していきます。

これらは、ともすれば、その人の中に隠れたまま、なかなか表に出てこないもの。表に引き出すために、どのような働きかけをし、どう関わっていくかがファシリテーターの技術です。

また、仕事とはいえ人間関係ですから、妬《ねた》みや不安、イライラ、怒り、文句などのマイナスの要素もついてまわるのは否《いな》めません。

そこは「目をつぶる」のではなく、きちんと対応することも求められます。

チームやメンバーの力を最大化するためには、「臭いものには蓋《ふた》をする」のではなく、すべてを引き出したうえで、問題と思われる部分は早めに対処して、ベストな状態を作っていくことが大切です（本書の第3章以降では、会議で起こりがちな問題を多く取り上げ、丁寧に対処法をお伝えしていきます）。

そのためには、会議だけでなく、日常の職場でのやり取りなど、いろいろなシーンでメンバーに積極的に働きかける普段のコミュニケーションも重要です。

どんな意見も言えるし聞いてもらえる、そんな場をもつことが、成果を生み出すチーム運営には欠かせません。「引き出す」スキルとは、いろいろな意見に前向きに耳を傾け、誰もが話しやすい場を作る力なのです。

「まとめる」スキル

会議の場でも、チーム運営においても、引き出した後に行うのは「まとめる」という作業です。

「まとめる」とは、バラバラなものを集めて、ひとかたまりにすること。

物事の筋道を立てて整えること。

そして、メンバー同士の目的や意思を一致させることです。


そのためにファシリテーターは様々な工夫を凝《こ》らしますが、まずやってみてほしいのは、その場のコミュニケーションを「見える化」すること。

私たちは、対面や、オンライン会議、電話など、様々な方法でコミュニケーションを図っています。メールやFAXなど、交わしたやり取りが記録に残るものは後で確認することができますが、口頭でのやり取りは、会話の「空中戦」になりがちです。

「言った言わない」「そんなつもりじゃなかった」といったすれ違いを防ぐためにも、そして、様々なメンバーからの意見や気持ちをまとめるためにも、ホワイトボードなどの「見える化」ツールをうまく使いましょう。

みんなの意見を「見える化」できるホワイトボードの活用や、目線を揃えるためのアプローチなど、「まとめる」スキルがあれば、たとえメンバーの意見があちらこちらに分散したとしても、慌てることはありません。

何が話されているかを全員で「共有」できるので、多様な意見もスムーズに素早くまとめていくことができるのです。

ここでは「引き出すスキル」「まとめるスキル」について、簡単にご説明しましたが、ファシリテーションは、ただ単に会議をよりよく進行していくための技術ではありません。様々なメンバーから引き出し、まとめるスキルは、「人の心の機微に対応」し、「結果の出るよりよい決断をする」ことにつながります。

ファシリテーションとは、「チームを率いて成果を生み出す」ための、リーダーシップの一つのスタイルでもあるのです。

今、決断を担《にな》うリーダーである人はもちろん、近い将来、チームをまとめる立場になるビジネスパーソンにとっても、欠かすことのできない重要な武器と言えるでしょう。

◎人が集まるところにファシリテーションあり

例えば、次のような日常のシーンも、ファシリテーションを意識することで、変わっていきます。

- 取引先を訪問するとき
- 部下からの報告を聞くとき
- 日々の朝礼
- 社内の勉強会
- 朝、職場でみんなと顔を合わせたとき
- 営業同行中の車の中

「人が集まるところにファシリテーションあり」です。
使う道具は、紙とペン。
メンバーが多ければ、大きなホワイトボードとマーカー。

あなたの日常が、ファシリテーションスキルを発揮することで変わり始めます。

それでは、いよいよ次の第2章から、「引き出すスキル」「まとめるスキル」の具体的なやり方について、順を追ってご紹介していきましょう。

第2章

「引き出す」スキル

自由に発言できる雰囲気と仕組みを作ろう

「ファシリテーションは、『引き出して、まとめる』コミュニケーションスキル」だと第1章でお伝えしました。

この第2章では、まず「引き出す」というスキルを身につけていきましょう。

「引き出す」ということは、会議の場に留まらず、普段のやり取りも含めて積極的にチームのメンバーに働きかけ、ポジティブ・ネガティブどちらの意見にも耳を傾けること。それによって、どんな意見も言えるし、聞いてもらえる「自由に発言できる雰囲気と仕組み」を作り出すことです。

あなたの会社の会議を思い浮かべてみてください。

「みんな不満は抱えているものの、意見を言ってもムダと思っているので黙っている」

「会議で何かが決まったとしても、けっきょく物事は一ミリも動かない」

ということはありませんか？

あるいは、

「会社はうまくいっているように見えるけど、何もかもトップダウンで物事が決定されている。誰も反対せずに従っているが、このままでいくと数年後には、うちの会社には上から指示されないと動けない人間しか残ってないかもしれない」

もしもそんなお悩みや不安があるならば、ファシリテーションの「引き出す」スキルが大きな効果を発揮します。

会議で、また、日常の対話の中でメンバーから多様な意見や態度を「引き出す」ことは、会議を改善するだけでなく、チームを活性化し、お互いの成長を促すことにもつながるからです。

それでは、ここから「引き出す」ためのやり方と、具体的な実践方法について、じっくりお伝えしましょう。

まずは普段から「この人なら話を聞いてくれる」という関係性を作ろう

取ってつけたように、会議の場だけで、「話しやすい人」になろうとしても、なかなかうまくいくものではありません。

なぜならば、人間関係は会議の場で作られるのではなく、普段のやり取りの中で作られるものだから。「話しやすい人」になるためには、普段の自分の言動を見直すことが大事です。

また、一つ心にとめておいていただきたいのは、「発言するのは案外勇気がいるものだ」ということです。

発言とは、自分の中にある考えや、アイデアなどを表に出すことです。

自分の中に隠しているかぎりは、誰からも批判されませんが、いったん表に出してしまうと、周りの人からの評価の目にさらされます。

それは人によっては、けっこう怖いことですし、なかなか勇気が必要です。

そんなときに、勇気の後押しになるのは、「相手に否定されない」「何を言っても変なふうに思われない」「共感してもらえたり、わかってもらえる」という安心感です。

つまり、「話しやすい人」とは、その安心感をきちんと相手に提供できる人のことなのです。

「あなただから言うけど」「きみにだけは言いたい」と思われるような関係になれれば、自然と相手から様々な意見を「引き出す」ことができるようになります。

では、そのような関係性を作るために、何をすればいいのでしょうか。

難しいことは何もありません。

まず、相手の話に素直に耳を傾けることです。

話を聞いていると、「ここは納得できないな」「ここのところは違うな」と思うことがあるかもしれません。そのようなときでもすぐに反論するのではなく、「なるほど。今言ったことって、こういうこと？」といったん受け止めて整理します。

その上で、「意見を聞かせてくれてありがとう。私の意見を言っていい？」などと言って、相手の意見を尊重しつつ、自分の意見を伝える習慣をつけてみましょう。

相手の意見を否定せず耳を傾け、誠実に接していると、「あの人には話したい、聞いてもらいたい」という関係性が徐々に育まれます。

普段から意識して、安心して話せる関係性をしっかり築いておきましょう。

話しやすい場を作る三つの工夫

「うちの会議では、質問を投げてもメンバーから意見が出ないのです」という話を、よく聞きます。

その理由はいったい何でしょうか？　メンバーの意識が低いから？　意見を言うのが苦手な人ばかり集まっているから？

もちろん、そういったメンバーの特性が理由となっている場合もありますが、それだけではありません。会議でなかなか意見が出てこない大きな理由は、メンバーが話したくなる場になっていないこと。意見を引き出すには、話しやすい雰囲気作りと、話したくなるアプローチが必要です。

そもそも会議の場では、「言ったらやらされるかも」「上司の考えとズレているかもしれない」「変に目立ちたくない」「別に自分が発言しなくても問題ない」と思うメンバーも多くいます。「ぜひ発言したい！」とやる気に燃えているメンバーは、残念ながら少数派であることがほとんど。

そんなメンバーから「発言」を引き出すには、やはり工夫が必要です。これからお伝えする「三つの工夫」（①表情、②リアクション、③ペーシング）を参考に、発言しやすい場作りにトライしてみましょう。

①「表情」を豊かに

話しやすい雰囲気は、その場のメンバーの聞く態度によって作られます。みなさんの会議では、発言者に対して、どのような反応を返しているでしょう。眉間《みけん》にシワを寄せ、難しい表情で発言者を見ていないか。発言者には目もくれず、ひたすら資料とにらめっこしてはいないか。もしかしたら、発言を途中で遮《さえぎ》り、自分の意見を挟んでくる人もいるでしょうか。

もしもそんな場になっているなら、まずはみなさんから、発言者が話しやすい表情を意識してみてください。

やはりオールマイティに有効なのは「穏やかな笑顔」です。少し口角を上げ、発言者に体を向けて話を聞きます。無表情な相手に話し続けるのは苦痛なもの。うなずきや相づちなど反応を入れながら、表情豊かに聞きましょう。

マスクをしている場合は、口元が見えませんから、目の表情とうなずきなどの動きをより意識します。

②「リアクション」をしっかり見せる

表情を意識できたら、次にしっかり「見せたい」のは、相手の話への【リアクション】

です。聞く態度のバリエーションを増やし、話しやすい雰囲気を作る重要なポイントです。

会議の進行やチーム内でのやり取りが、どうもうまくいかないと感じる場合、「聞き手」としての態度を再確認してみましょう。

自分では「聞いている」つもりでも、相手が「聞いてくれている」と思わなければ意味がありません。きちんと聞いていることを伝えるには、聞く態度をしっかり見せることが重要です。押さえるべきポイントをチェックして、自分の態度を再点検しておきましょう。

1 アイコンタクト

話をしている相手の目のあたりを見ながら聞きます。

ただし、あまり見つめ続けるのはNGです。特に、「ずっと見つめ続けているのに、相手と目が合わない」という場合は、ちょっと目線をそらして会話したほうがいいかもしれません。見つめられ続けることにプレッシャーを感じる人がいるからです。

2　うなずきや相づち

うなずきや相づちは、相手に「話を聞いている」と伝えるサインです。相手から、しっかり見える、聞こえるように打ちましょう。

ただ、人によっては、「はい」「はい」と同じ言葉を繰り返す、単調な反応になっていることもありますからご注意を。

そのような自覚がある人は、「あ行」と「は行」で相づちのバリエーションを増やしましょう。「ああ、なるほど」「いいですね」「うんうん」「えー！」「おお……」「はい」「ひゃーっ」「ふむふむ」「へええ！」「ほぉ……」など、中には使いにくいものもあるかもしれませんが（笑）、参考にしてみてください。ポイントは、「気持ちを込める」こと。相手の発言への共感や驚きなど、聞き手の気持ちが伝わる相づちが、相手の話への興味関心を伝え、話しやすさを生み出すのです。

3　話を促す

話を促す、「それで、それで？」「もっと聞かせてください」「それからどうなったの？」などの言葉は、「あなたの話をもっと聞きたい」という思いを伝えます。特に、この話を続けていいのかな、と不安を感じる控えめな相手には効果的。年上の相手にも聞き手の熱心さが伝わる態度です。

4 オウム返し

相手の言った言葉をそのまま繰り返します。単純なテクニックですが、相手に対して「ちゃんと聞いたよ」「受け取ったよ」というサインになります。相手が言ったことに対して、気の利いた切り返しができないときにも、オウム返しのテクニックは役に立ちます。

例えば、「課長からこの仕事を頼まれたんだけど、困るよ。こんな細かい仕事は大変だし」と愚痴を言うメンバーがいたとします。「課長っていつもそうだよね」と同調したのでは悪口大会になってしまいますし、「仕事だから仕方ないよ」と返しても、メンバーは納得しないかもしれません。そんなときは、「そっか、細かい仕事で大変なんだね」と、まずは返してみましょう。

そう返すことで、相手は自分の話を「聞いてもらえた」と感じ、そこからの会話がスムーズに展開するようになります。

会議の場でも、相手の発言を確認するために「今おっしゃったのはこういうことですか？」「なるほど、○○さんのご意見は○○ということですね」と復唱することで、発言をきちんと受け取ったことを伝え、次の発言を促すことができるのです。

③「ペーシング」を意識する

無表情に見えない見え方を意識し、聞く態度も整えたら、個別の相手に合わせた【ペーシング】も意識してみましょう。

ペーシングとは、しぐさや話すスピード、トーン、言葉遣いなどを、相手のペースに合わせることです。

例えば、穏やかで大人しい印象の人に向かって、畳み掛けるように早口でしゃべっても、「この人、グイグイ来て苦手だな」と思われてしまうかもしれません。

この場合は、あえて穏やかな声のトーンを心がけたり、意識して早口にならないようにするなど、相手のペースをきちんと把握して、それに合わせてみましょう。逆に、テンポ良く話す相手には、うなずきや相づちもテンポ良く返すと効果的。相手をしっかり観察して、音楽に合わせてリズムを刻むような感じを意識してみてください。

さて、ここまで話しやすい場を作るための三つの工夫、【表情】【リアクション】【ペーシング】をお伝えしてきましたが、いかがでしょうか？

必ずしも、常にすべてを意識して実行する必要はありません。聞く態度を磨くコツは、会議だけでなく、普段の会話でも、何か一つ取り入れて実際にやってみること。もし「今まで、やったことがなかったな」と思うところがあれば、それは今すぐできるレベルアップのポイントです。ぜひ実際にやってみてくださいね。

相手から引き出す「質問力」を磨こう

ここまでお伝えしたことは、相手の話に耳を傾ける「聞く」ためのスキルです。話しやすい場を作る「聞く態度」を身につけたら、今度は相手から意見を引き出す「質問力」を磨きましょう。

より良い質問は、メンバーから意見を引き出すだけでなく、情報や知恵、さらにはやる気までも引き出します。効果的な質問力を身につけて、メンバーの力をどんどん引き出していきましょう。

私たちは、「何か知りたいことがある」「はっきりさせたい疑問や不明点がある」、そんな理由で誰かに質問を投げかけます。言い換えると、それらは「自分のための質問」。自分が欲しい情報を引き出すための質問、すなわち、「情報収集」を目的とした質問です。

もちろん、情報収集は大事ですが、ファシリテーターとしてぜひ身につけてほしいのは、相手の思考を促進する、「相手のための質問」です。

相手の「思考促進」を目的とした質問を意識して使えるようになれば、メンバーからいろいろな意見を引き出し、その場の議論を活性化させることができるようになります。

まずはこれらの質問はどんなものなのか、簡単に整理してみましょう。

◎自分のための質問「情報収集型質問」

- 知りたい情報を得る
- 疑問を解消する
- 相手の意思を確認する
- 提案やアイデアを募る

例えば、ある組織のリーダーが、メンバーが進めているお客さまとの取引状況について確認する場合。

リーダー「あのお客さんとの取引はどうなってる？」
メンバー「ちょっと問題が発生しまして……」
リーダー「どんな問題なんだ？」
メンバー「実は……（かくかくしかじか）」
リーダー「なるほど……。わかった、じゃあ○○で対応してくれ……（メンバーへの指示）」

この会話におけるリーダーの質問は、取引状況を確認し、どんな対応が必要か考え、メンバーに指示を出すためのもの。リーダーが自ら考え、答えを出すための情報収集を目的としています。

では、もしこのリーダーが、相手の思考を促進する「相手のための質問」を使う場合はどうなるでしょうか。

◎相手のための質問「思考促進型質問」

- 質問されたことを、自力で深く考える
- 自分の経験と照らし合わせて考える
- まったく新しい視点をもてるようになる
- 今までにない発想が広がる
- 思い込みに気づく
- 自分の知識が足りなかったことを悟る

リーダー「あのお客さんとの取引はどうなってる？」
メンバー「ちょっと問題が発生しまして……」
リーダー「問題発生か……。詳細は後で聞くが、どんな対応をしようと思っている？」
メンバー「はい、とりあえず○○で対応しようとは思っていますが……」
リーダー「思っているが……？」
メンバー「うまくいくか心配です」
リーダー「なるほど。過去に同じような問題が起きたときはどう対応した？」

メンバー「そうですね……。確かあのときは……」

こちらの会話では、リーダーが指示を出すのではなく、メンバー自身が対策を考えられるよう、思考を促す質問を投げかけています。「相手のための質問」とは、相手が自分の頭で考えたり、意見を出す、相手の成長を促すための質問ですから、考える主体はメンバー。リーダーはあくまでサポーターです。

会議の場やミーティングでは、ファシリテーターがみんなから情報を引き出し、考え、答えを出すのではありません。考える主体はその場の全員。思考を促進し、意見を引き出す質問を投げかけることで、メンバー全員の「思考のスイッチ」を押すことが重要なのです。

定番として知っておきたい質問

ここからは、具体的にどのような「質問」をすればよいかについてお伝えします。

ファシリテーターとして知っておきたい、シンプルだけれど大事な質問があります。

一つは、相手の発言を掘り下げるための質問です。

相手の発言が曖昧《あいまい》だったり、抽象的すぎて具体性に欠けている場合や、相手からたくさん意見を引き出したいとき、また、出てきた意見を整理したいときに使えるフレーズをいくつかご紹介します。

◎「具体的に言うと?」

曖昧な表現を具体的にするフレーズです。例えば、「職場をもう少し整理整頓したほうがいい」という意見だけでは、どこをどんなふうにするべきだ、と思っているのかわかりませんから、質問を使って具体的な内容を引き出します。

「職場をもう少し整理整頓したほうがいいと思うんだよね」

「なるほど……。もう少し具体的に言うと?」

↓「入り口のあたりに商品が山積みで、邪魔でしょうがないよ」

↓「古い資料が置きっぱなしになっていて気になってるんだ」
↓「書類棚が整理されてなくて、使いにくいんだよね」

◎「例えば？」「ちなみに……」

こちらも相手の意見を具体化するためのフレーズです。

「職場をもう少し整理整頓したほうがいいと思うんだよね」

「例えば、どのあたりが気になってるの？」

「ちなみに、○○さんはどう整理整頓したらいいと思ってるの？」

↓「商品置き場をちゃんと作るべきだよ」
↓「資料の整理をみんなでやる日を決めて、定期的にやるといいかも」
↓「書類棚にシールを貼って、何が入ってるか『見える化』してみようよ」

このように、相手から具体的な意見を引き出すことで、何について話し合うべきかが明確になっていくのです。

◎他には？

一つの質問に対して、答えが一つとは限りません。ところが往々にして、一つ答えが出ると、そこで思考がストップしてしまいがちです。

だからこそ、「他には？」とさらに問いかけて、相手の考えを広げる質問を使ってみましょう。

「商品置き場をちゃんと作るべきだよ」
「ふむふむ、いいね！　他には？」
↓
「入り口近くには置かない、というルールも決めたほうがいいと思う」
↓
「あと、みんなの机の上が散らかっているのも気になっているんだ」
↓
「毎週整理整頓する日を決めて、みんなでやってみるとか？」

「他には？」と質問することで、「他に何があるかな……」と考えることを促します。「まだある？」「これ以外には？」とバリエーションをつけながら、メンバーの思考を広げましょう。

◎どれが一番ですか？

メンバーから意見がたくさん出て、議論も深まってきたら、出てきた意見を整理する質問を使ってみましょう。出てきた意見から結論を導くために、優先順位をつけるための質問です。

「これまで出てきた意見で、どれが一番大事だと思いますか？」
「どれが一番効果的だと思います？」
「一番やりやすいのはどれでしょう？」

テーマによっては、「上位三つ選ぶなら……」と選択肢を広げてもOK。また、「絶対やってみたいのは？」「特に大事だと思うのはどれ？」「まず取り掛かるなら？」という言葉を使って、重要度や優先順位をつけるよう促すことも効果的です。

これらの言葉や質問は、メンバーに優先度や重要度について考えることを促し、その場の意見を整理する助けになります。大事なことは、ファシリテーターがまとめようとするのではなく、メンバーみんなでまとめられるように促すこと。そのためには、考えをまとめる質問が有効です。

深めたり広げたりしてたくさんの意見を引き出したうえで、上手に使っていきましょう。

質問の効果を最大限活用するためのポイント

◎質問はポジティブな言葉で

私たちは誰かに質問をされると、質問されたことについて考えます。

「どんなときが楽しい？」と聞かれれば、自分にとって楽しいことを考えるし、「どんなとき辛いと思う？」と聞かれれば、今までの辛かった体験を思い浮かべるといった具合です。だからこそ、メンバーにポジティブな思考を促したいと思うなら、ポジティブな言葉を選んで質問することが大事です。

比較をするために、ネガティブな言葉を使った質問の例を見てみましょう。

「この商品の**欠点**は何だと思う？」
「そのやり方はどこが**悪かった**の？」
「**うまくいかない**のはなぜかな？」

想像してみるとおわかりのように、このような「欠点」「悪い」「うまくいかない」という質問フレーズで議論を掘り下げても、前向きな意見は生まれにくいものです。

それでは、これをポジティブな言葉に言い換えるとどうなるでしょうか。

「この商品の**長所**はどんなところ？」
「このやり方の**良かった**ところは？」

「どうすれば**うまくいく**のかな？」

これらの質問には、長所を見つけ、評価するべきところを探し、うまくいく方法について考えるように、メンバーを導くパワーがあります。

そもそも欠点や悪いところ、うまくいかなかった点をあげてもらうのは、未来に向けての「改善点」を見つけるためではないでしょうか。もしもそうであるならば、「改善したいところは？」「もっと良くできそうなところは？」というように、目的に合わせた質問の言葉に言い換えたほうが建設的です。

もちろん、ネガティブな意見も聞きたい、と思う場合もあるでしょう。その場合は、「欠点」「悪い点」「ダメなところ」という言葉ではなく、「残念に思う点」「惜しいと思うところ」「もったいないところ」などの表現を使うことをおすすめします。

なぜならば、これらの表現には「せっかく良いものなのに」「もっと良くなれるはず」「いいところがあるからこそ」といった、前向きな気持ちを感じさせる効果があるからです。

建設的で前向きな議論の場にするためにも、ポジティブな質問を意識して活用しましょう。

◎質問はシンプルに。一度に一つだけ

質問は、シンプルな質問を一度に一つだけが原則です。

質問をする目的は、相手の「思考のスイッチ」をオンにすること。

一度にいくつも聞かれても、処理しきれるものではありません。

相手の「考える時間を確保する」ためには、シンプルな質問を一度に一つだけと覚えておいてください。

◎質問はあらかじめ用意する

会議やミーティングが始まってから、その場で質問を考えてメンバーに投げかけるライブ対応は、なかなかハードルが高いもの。質問は会議の前にあらかじめ考えておきましょう。つまり、「質問を用意しておく」ということです。

例えば、「職場改善会議」を開催する場合、みんなに話し合ってもらいたいことは何でしょうか。

「職場の問題点は何か」「改善のアイデアについて」「理想の職場とはどういうものか」など、思いついた内容を質問の形に変換します。

- 今の職場についてどう思っていますか？
- 問題点をあげるとすると、どういうところですか？
- どう改善していけばいいか、どんなアイデアがありますか？
- そもそも理想の職場とは、どういうものだと思っていますか？

特に、職場改善会議のように、テーマが大きく漠然としていて、「何から手をつけたらいいかわからない」となりがちな場合には、必ず質問を用意して臨みましょう。

とりあえず会議でみんなに意見を言ってもらおう、という考えでスタートしても、「会社の文句ばっかり出てきた……」「収拾がつかない。どうしよう？」となりがちだからです。

そうならないためにも、様々な質問を用意しておくことが重要です。

また、用意した質問を事前にメンバーに伝え、各自意見を考えておいてもらうといったやり方もおすすめです。テーマによっては、意見を記入するシートを作って配付し、記入したうえで参加してもらう、という方法もあります。

この方法だと、事前にテーマについて考えてもらうことになるので、実際の会議のときに、より議題に集中できるというメリットがあります。

フレームワークを使って意見を引き出す

「会議をしても、意見が出ない」「アイデアが生まれない」とき、新たな視点が欲しいときにおすすめなのが、フレームワークの活用です。

フレームワークとは、何かを考えたり整理するときに使える枠組みのことで、先人たちの知恵が凝縮されたツールです。

一人ひとりが考えるアイデアや意見には、どうしても限りがあります。だからこそ、フレームワークの力を借りて、新たな視点を見出すことで、思考の幅も広がるのです。

また、フレームワークをホワイトボードなどに書き、出てきた意見をそこに書きながら進めれば、「引き出して、まとめる」こともできるようになります。

フレームワークにはたくさんの種類があります。臨機応変に使いこなすことで、様々な意見や柔軟な発想を引き出していきましょう。

ここでは会議を回すうえで使い勝手がよく便利な、基本のフレームワークをご紹介します。

◎5W1H

会議でいくら議論をして決めても、実行されなければ意味がありません。会議やミーティングの目的は、何らかの変化を起こしたり、成果を上げるための行動を決めること。

会議の後に行動を起こすために必要な要素をしっかり盛り込んだフレームワークが、5W1Hです。

why　何のためにやるのか
when　いつやるか
where　どこでやるか
what　何をするか
who　誰がやるのか
how　どのように実現するのか

一番最初に決めるのは「why」の部分。「何のための会議なのか」「目的は何か」をしっかりと考え、会議の最初に共有します。

そして、会議の終了時点で、残りの4W1H（when・where・what・who・how）が決まり、アクションプランに落とし込めるよう、質問を用意しておきましょう。

「GROWモデル」

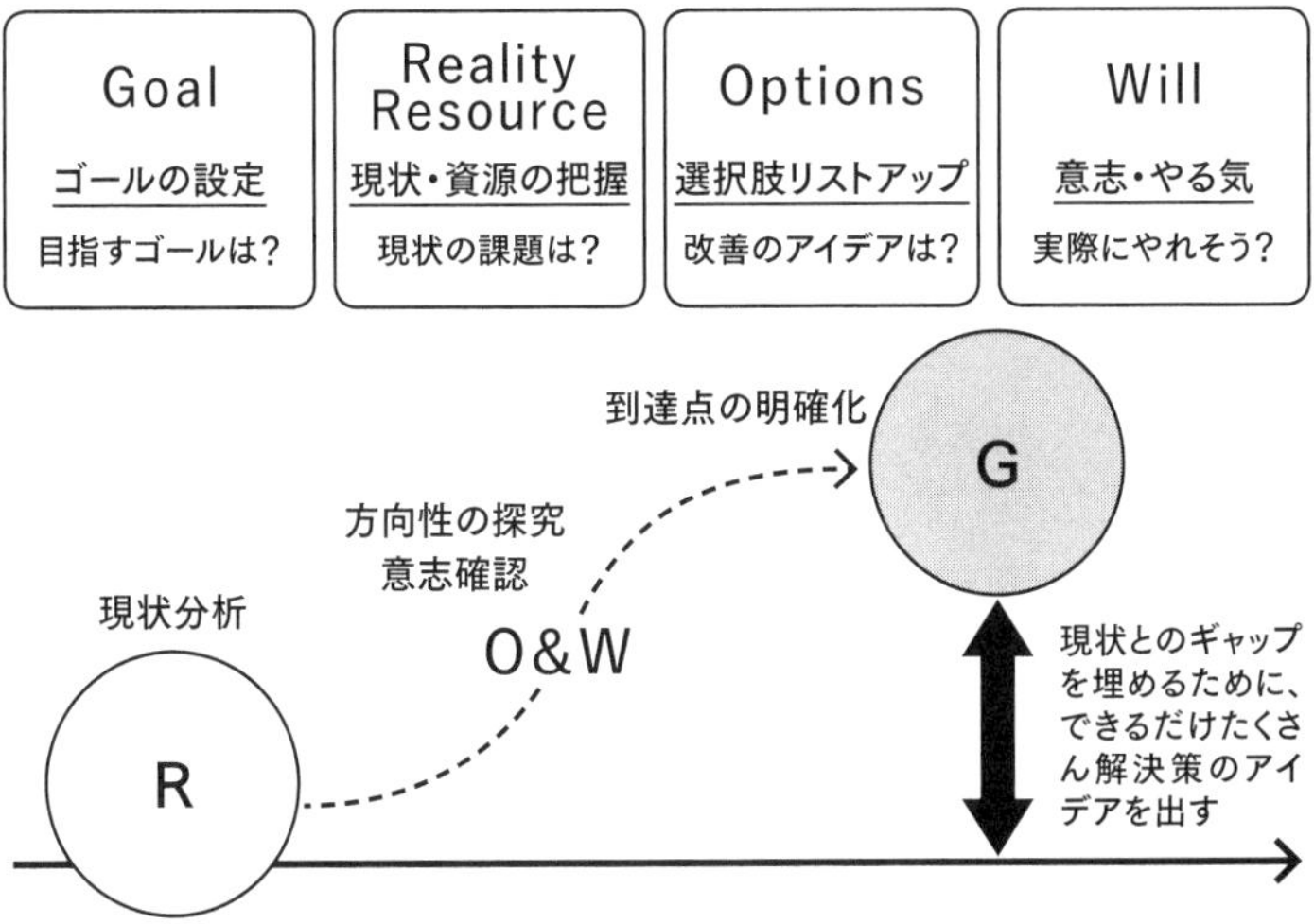

◎GROWモデル

GROWモデルとは、理想（Goal）と現状（Reality・Resource）を明確にして、解決策（Options・Will）を考えるというフレームワーク。

Goal「理想の状態は？」
Goal「目指すゴールは？」
Reality「理想に対して現状はどうなってる？」
Reality「現状の課題は？」
Reality「今の状況をデータで見ると？」
Options「どんな解決策がある？」
Options「改善のアイデアは？」

Will　「実際にやれそう？」
Will　「どれからやりたい？」

このように、それぞれの要素について考えてほしいことや議論したいことを、質問の形で書いてみましょう。「業務改善」や「目標設定」など、問題解決のための話し合いにおすすめのフレームワークです。

◎KPT

例えば「今回のプロジェクトは、うまくいったか？」と、メンバーで振り返るときなどによく使うフレームワークです。「うまくいったから、このまま続けていったらいいよね」という意見はK（keep）のスペースに、「この部分はうまくいかなかった。問題だよね」というのはP（problem）のスペースに、「次に向けてやってみたいこと」というのはT（try）のスペースに書いていきます。

ざくっとメンバーに「うまくいった？　どうだった？」と質問するのではなく、開始前にホワイトボードに、このKPTを書き込む枠組みだけ書いておいて、「じゃあ、ちょっとこれについて考えよう」と言って取り組むと、集中して話し合いを進めることができます。

◎Tチャート

物事を二方向から考えるときに便利なフレームワークがTチャートです。「対比する意見を出してもらい、思考を広げよう」というときに使います。

「できていること」「できていないこと」
「メリット」「デメリット」
「不安に思うこと」「期待していること」

など、テーマについて複数の視点から考えます。Tチャートは、書いて整理するツールでもありますから、ぜひホワイトボードもあわせて使いましょう。

ホワイトボードに大きなTの字を書き、ヨコ線の上の部分に話し合いたい議題を書きます。左右のスペースには、対比する意見として、例えば左側は「良いところ」、右側は

「Tチャート」

話し合いたい議題

良いところ	惜しいところ
● 新サービスにスマホで アクセスしやすい ● ヘルプのページが親切 ● 電子マネーですぐに購入できる ● ポイントがたまる達成感が、得やすい ……etc.	● 従来のサービスとの差が 伝わりにくい ● サービスの種類がまだ乏しい ● パソコンで視聴すると、 ごちゃごちゃして見づらい ● 購入履歴が、探しにくい ……etc.

「惜しいところ」などと記入します。

そして「今から、この新サービスの良いところと、惜しいところについて、意見を出してもらえますか？」といった質問をしながら会議を進めます。

メンバーから意見が出てきたら、「それは左ですか？　右ですか？」と確認しながら、左右のスペースに振り分けて書き込めば、両方の視点の意見をバランスよく引き出せます。

メンバーの思考を広げながら、同時に意見の整理もできる、便利なフレームワークを使って、質問の幅をどんどん広げていきましょう。

四つのタイプで個別対応を考える

ファシリテーターとしてチームに関わり、メンバーの力を引き出して、チームの成果を上げるためには、チームの状況をぼんやりとイメージするのではなく、常にメンバー一人ひとりを思い浮かべることが大切です。

チームは個人の集まり。ファシリテーションの基本は、全体を見ながら、同時にメンバーに合わせて個別対応することにあります。

誰に対しても画一的な対応を取ればいいというものではありません。メンバーそれぞれに個性や違いがあるからです。

仕事の関係者には、多種多様な人がいます。年齢も違えば、出身地や経験したことも違いますし、考え方も千差万別。たとえ同じチームのメンバーでも、違いがあって当然なのです。

そして「違い」というのは、悪いことではなく、その人らしさの延長にあるものです。

ファシリテーターとしては、その違いを受け止めて、相手の個性やタイプに応じた対応を取りたい——それが理想です。しかし口で言うのは簡単ですが、実行するのは難しいもの。何しろ、一〇〇人の人がいれば、一〇〇の個性があるわけですから。

そこでおすすめなのは、人の違いを大まかに捉える、タイプ分類の考え方を取り入れてみることです。一〇〇通りの対応を覚えておくのは難しくても、四タイプぐらいであればイメージしやすいのではないでしょうか。

大まかなタイプ別の傾向を知っておくと、「こんなタイプの人には、こんな対応をすればいい」という参考になります。

ここでは一九七〇年代に提唱された「ソーシャルスタイル理論」から、四つのタイプと、有効な対応の仕方をご紹介します。「自分の周りにいるメンバーは、どのタイプに当てはまりそうかな」と考えてみて、その人に合った個別対応を取るヒントとして使ってみてください。

◎ドライビングタイプ（織田信長タイプ）

このタイプは、人から指図されることを嫌います。判断力があり、素早い対応を好むので「仕事ができる人」という印象です。リーダーシップを取ることに長《た》けていて、大手企業の管理職やオーナー系の経営者、開業医や弁護士など「人の上に立つ」仕事をしている人に多いタイプです。意見をはっきりと言い、結果を重視し、人によっては完璧主義だったりします。優しい感情を表に出すことが少ないので、「怖くて頑固な人」というイメージがついていることもあります。

〈有効な対応〉

このタイプには、「教えてほしい」という相手を立てるような対応をしましょう。仕事の意義と目的を明確に伝えたうえで、後は任せるやり方が有効です。仕事の経過については、日時を決めて、情報共有の機会を設定しておけば、きちんとまとめて共有してくれます。仕事の目的や役割分担、責任の所在をはっきりさせておくことが重要です。

〈効果的な質問フレーズ〉

「○○さんならどうします？」

「ご意見をぜひ聞かせてください」

「○○さんの考えを教えてくれませんか？」

◎エクスプレッシブタイプ（豊臣秀吉タイプ）

楽しいことが大好きで、人懐っこいのがこのタイプ。自己主張も無邪気で、表情も豊か。自分のアイデアや思いを実現させようと行動的な人も多く、起業家やサービス系、ベンチャー関連の仕事をしている人に多く見られるタイプです。事業やプロジェクトを立ち上げるのは得意だけれど、ずっと継続するのは苦手かもしれません。計画を立ててその通りに実行するのも苦手なので、行き当たりばったりで行動しているように見えることも。「何とかなる」で乗り切る楽天家です。


〈有効な対応〉

会話を楽しむことに尽きます。「それで？」「うんうん」「いいね」という大げさな反応を見せると気分も上がり、話が弾みます。意見や指摘をしたいときは、「こうしてほしい」と率直に伝えてOK。確実にやってほしい仕事については、フォローの機会を作って、忘れていないかチェックすることが大事です。

〈効果的な質問フレーズ〉

「○○さんはどう思う？」

「何か意見はない？」

「どうしたい？」

◎エミアブルタイプ（徳川家康タイプ）

人といい関係でいたいという思いが強く、困っている人を見過ごせないタイプ。頼まれるとイヤと言えずに、人の仕事を手伝って残業したりしがちです。看護師や衛生士、サポートセンターや福祉関係の仕事をしている人に多く見られます。いつも笑顔の癒し系で、ひとことで言うと「いい人」です。リーダー的な役割は苦手で、人をサポートするのが得意。自分の意見を通すよりも、人の意見を尊重します。よく気がつき、指示された仕事もきちんとこなします。

〈有効な対応〉

「ありがとう」と感謝の気持ちを伝えましょう。みんなからどう思われているかをいつも気にしているので、「きみがいてくれて助かるよ」とちゃんと言葉で伝えることで、力を発揮します。本音を聞きたいときには、笑顔で穏やかに対応すること。仕事を任せるときには、マメに声掛けをし、相談にものりましょう。そのときも、ねぎらいの言葉を欠かさないことです。

〈効果的な質問フレーズ〉

「いつも助かるよ。この件についてきみの本音の意見を聞きたいんだけど、ちょっといい？」

「この間はありがとう。今度も助けてほしいんだけど、率直な意見を聞かせてくれる？」

「みんなの意見を聞きたいんだけど、このアイデアについてどう思う？」

◎アナリティカルタイプ（明智光秀タイプ）

常に冷静で、物事を正確に分析したいタイプ。数字を扱ったり、コツコツと積み上げていく仕事、正確さを求められる仕事などが得意。研究職、職人、技術者、アナリストなどの職業に多く見られるタイプです。計画を立てて臨む、慎重派で、実行する前に徹底して検討します。「何とかなる」というような取り組み方はしません。こだわりが強く、人と関わるよりも、自分の専門や関心事に興味をもち、喜びを見出します。

〈有効な対応〉

常に具体的に話すようにしましょう。意見を聞くときには、相手が考える時間をしっかりと確保します。会議で発言してほしいときは、前日までに質問を伝えておけば、きちんと準備をして参加するタイプです。正確さを大切にしているので、ギリギリ間に合わせの仕事などは頼まないこと。プロジェクトの管理や情報整理などは得意で、意見を尊重して任せると、きちんと仕事をこなしてくれます。

〈効果的な質問フレーズ〉

「このプロジェクトは現状こういう状況だけれど、次の会議までに、○○な状態にするためのいい方法を考えてみてくれませんか？」

「今月の営業目標に対して、今はどんな状況？　顧客分析の結果を後で教えてください」

「○○の○○についてどう思う？　こんど時間を取るから話を聞かせてくれる？」

いかがですか？

「あの人はきっとこのタイプ」と思い当たることがあったでしょうか。

四つのタイプに優劣はありません。ソーシャルスタイル理論は、自分とメンバーの傾向を知り、それぞれの強みを活かすために、先人がまとめたコミュニケーションの知恵です。自分と違う人に対して、「あの人は間違っている」と決めつけるのではなく、「どう違うのか」を客観的に捉えるキッカケにしていただければと思います。

違いは個性であり、個性豊かなメンバーが共に力を発揮し合える場をもつことが大切です。

ファシリテーターとして大事なのは「違いを歓迎し、そこからより良いものを生み出していく」マインドなのです。

ファシリテーション・トレーニング〈引き出す編〉

◎日常の中でのトレーニングで身につく

この本では「ファシリテーションのエッセンス」や「何をすれば成果が上がるか」を、できるだけわかりやすく解説しています。また、会議やミーティングだけでなく、日常のコミュニケーションにおいても、すぐに応用できる内容になることを目指しました。

しかし、実際にスキルを身につけようと思うなら、本を読んで「わかったつもり」になってしまっては困ります。

ケーキのレシピ本を読んで終わりでは、当然上手にケーキを焼けるようにはなりませんし、ピアノの弾き方を本で読んでも、実際に練習を繰り返さないと弾けるようにはなりません。スキルを身につけるには、やはり実践、トレーニングが必要です。

「練習が必要なのはわかるけど、ファシリテーションのトレーニングはどこで行えばいいの？　会議やミーティングが毎日あるわけではないし、会議があっても参加するだけで、なかなかファシリテーションをする機会もないし……」

そう思われた方もいらっしゃるかもしれません。
ファシリテーションのトレーニングのチャンスは、会議やミーティングだけではありません。ぜひ意識して実践してほしいのは、日常の中でのコミュニケーション。
会議を実際に回す経験を積まなくても、普段の生活で心がけ、意識して練習していくことで、ファシリテーターとしての土台を培《つちか》うことができるのです。

このパートでは、「引き出す」スキルを磨くために効果的な、日常の中でのトレーニング方法をご紹介します。

◎「それって、いったいどういうこと？」――言葉の具体化トレーニング

言葉というのはとても曖昧なものです。

例えば「飲み会」という言葉一つとってみても、「楽しみ」と思う人もいれば、「めんどうくさい」と思う人もいます。同じ言葉でも、人によって抱くイメージは違っていますから、多様な人が集まる場では、曖昧な言葉の認識のズレを明らかにし、整理する必要があります。一般的な言葉ほど、お互いにズレが生じないように、それぞれがどんなイメージで使っているのかを確認したほうがスムーズです。

「相手の言葉の曖昧さに気づいて質問をし、具体化していく」というのは、ファシリテーターとして、とても大事な役割です。

トレーニング方法は、難しいものではありません。まずは「曖昧な言葉」に気づくトレーニングから始めましょう。

ある出版社の編集会議で「売れる本を作りたい」という意見が出たとしましょう。そのときに「だよね」とすぐに合点するのではなく、「売れる本って、例えばどのくらいの部数?」と聞いてみる。「一〇万部ぐらいかな」と数字が出てきたら具体的になってきた証拠です。しかし、ここで「なるほど」と満足してはいけません。なぜなら、その数字を達成する「期間」が曖昧なままだからです。

例えば「一〇万部ね、それってどのくらいの期間で売れるイメージ?」と聞いてみましょう。「半年以内かな」とか、「長く愛される本で、毎年版を重ねながら十年、二十年経って一〇万部を超えたねっていう本かな」といった違った答えが返ってくるかもしれません。

どちらも一〇万部売れる本という点では同じでも、期間が違えば、なすべきことも変わってきます。もちろん期間だけではありません。どんな人に売れる本なのか、どこで売れる本なのか、まだまだ具体的にすべきポイントはたくさんあります。

①出てきた意見の抽象度に気づくこと。

この場合で言えば、「売れる本」という言葉のことです。

②具体的に落とし込んでいくためのフレーズを投げかけられること。

「例えば」とか、「〇〇って?」「具体的には?」という質問フレーズが効果を発揮します。

「お昼はサンドイッチがいいな」と隣の席の人があなたに言ったとしましょう。そういうときは、ぜひ「例えば、どんなサンドイッチがいいの?」と質問してみてください。

実際に友人と交わしたこの会話、彼女の答えは「丸いポケットみたいな形をしていて、なかに野菜とかお肉が入っているサンドイッチ」という答えでした。てっきり食パンで挟んだ一般的なサンドイッチだと思い込んでいましたから、ちょっとビックリ。よく聞いてみると、彼女が食べたかったのは「ピタパンサンド」だったことがわかりました。

他にも夕食に「アジア系の料理を食べに行こうよ」と誘われたら、「いいねぇ」と言う前に、「アジア系って?」と相手がどこの国の料理を思い浮かべているのかを聞いてみる。「この資料、今週中にまとめておいて」と言われたら、「今週中って、具体的にはいつですか?」とカレンダーを見ながら確認する。そんなふうにトレーニングしましょう。

ちょっとした会話や、仕事中にも「それってどういうこと? トレーニング」は可能です。「この人は具体的には何を言いたいのか」を深掘りする気持ちで、質問を投げかけて、相手の話を具体化していきましょう。

◎「意見の根拠は何だろう?」——事実で捉える客観力トレーニング

ファシリテーターは、メンバーの意見を分け隔てなく、素直に、中立な立場で聞くことが求められます。

賛同できる意見はともかく、「うーん、それはどうも賛同できない」と唸《うな》ってしまうような反対意見にもどう対応するかが、ファシリテーターとしての力量の分かれ道。そのためには、メンバーの意見を中立的に客観視する力が必要です。

「納得できない意見にも中立って、それで本当にいいの？」と心配になる方もいるかもしれませんが、反対意見に即反論していては、お互いの主張をぶつけ合うだけ。それでは良い議論にはなりません。まずは相手の意見と根拠を整理し、お互いの主張の違いは何かを明らかにすることが必要です。そのために、相手の言い分をきちんと聞き、その背景にある事実を整理する客観力を磨いておきましょう。

トレーニングを始める前にまず前提としてお伝えしておきたいのは、たとえあなたが賛同できない意見でも、相手はそれが「正しい」と思っているからこそ主張しているのだ、ということ。一冊の本を「面白い」という人もいれば「駄作だ」という人もいます。また、お客様対応は「丁寧にすべきだ」と思っている人もいれば、「スピードが一番大事」という人もいます。時に相手が間違っていることもあるかもしれませんが、ほとんどの対立はお互いの「違い」から生まれます。そして、その違いを生み出している原因や、お互いの主張の根拠、背景を探らずして、前向きな議論は生まれないのです。

お互いの違いがあることを理解できたら、早速トレーニングです。自分の周りの人の意見や、テレビやネットなど、メディアで見聞きする意見でも構いません。自分の意見とは違う主張に出合ったら、この人がそう主張する理由は何かを考えてみましょう。

「相手はどう考えているのか」「なぜそう思うのか」「その背景にはどんなことがあるのか」「相手の話の根拠は何か」「そもそも、どうしたいのか」「自分と相手の立場の違いは」など、様々な視点から思考を巡らせてみることをおすすめします。

また、もしも普段の生活の中で上司や先輩、取引先の人など、周りの人から言われたことがうまく理解できないという経験があったら、ぜひメモを取りながら整理することにもチャレンジしてみましょう。具体的には、次のようなトレーニングがおすすめです。

①相手の話をノートなどにメモしながら整理する。

意見（〇〇すべき、〇〇だと思うなど）と根拠（理由、事実、データなど）を分けて書くことを意識してみる。わからない言葉も聞いたまま、いったん書き留める。

②書いたノートを見せながら「おっしゃっているのは、こういうことでしょうか？」と確認する。

③確認が取れたら、うまく理解できない部分について「ここがよくわからないのですが、もう少し詳しく教えてもらえませんか？」と質問してみる。

相手の話をメモに書こうと意識すると、自然と相手の話をしっかり聞く態度が生まれます。また、意見と根拠を整理して書くことで、相手の話を聞き分けるトレーニングにもつながります。ここでは「うまく理解できないとき」と書きましたが、ぜひ普段から、相手の話をメモに取り、整理する習慣を身につけるようにしてみてください。その実践はこの後お伝えする「まとめる」力をアップするうえでも役立ちます。

◎「あなたに話してよかった」――相談されたら、まずは深掘り。質問力トレーニング

ファシリテーションを実践し、メンバーから意見を引き出すうえで大切なことは、話しやすい雰囲気を作ること。そして、メンバーに様々な角度で考えてもらう質問を投げかけ

ることです。これら二つの聞く力、質問力を磨くには、やはり普段からの意識が重要。特に、誰かから相談を持ちかけられたときは、絶好のトレーニングのチャンスです。

相談者の話を否定せず、「うなずき・相づち・繰り返し」といった合いの手を意識しながら、まずはしっかり聞き切ります。もしも「どう思う?」と意見を求められたら、即答せずに「うーん、そうだなぁ……。ちなみに、〇〇さんはどう思ってるの?」と相手にもう一度話を振ってみましょう。相談者の中には、実はこう思っている、といった意見が眠っていることも多いものです。こんなふうに聞き返されることで、相手に再びじっくり考える機会を与えることにもつながります。

もちろん、相手の相談の背景や、どうしたいのか、悩みの原因は何かなど、いろいろなことを聞いてみる=質問してみることも有効です。質問には様々な効果がありますから、その効果を知って活用しましょう。

先程お伝えした通り、私たちが普段相手に問いかける質問は、「自分が知りたいことを知る」「わからないことを聞く」など、情報収集を目的とした質問がほとんどです。しかし、質問の効果はこれだけではありません。質問をきっかけに、過去の体験を思い出したり、新たな視点を得たりと、相手への影響も大きいのです。

そういった相手のための質問は、言い換えれば相手の思考を促進する「思考促進型」の質問です。ファシリテーションの現場では、メンバーみんなに考えることを促すことが大切ですから、普段から意識してしっかりトレーニングしておきましょう。

まず使ってほしいフレーズは、これまですでにお伝えしてきた「例えば？」「具体的には？」といった具体化の質問。そして、「他には？」「まだある？」といった相手の思考を広げる質問です。一つの質問には一つの答え、と決まっているわけではありませんし、「他には？」と聞かれることで、「他にあるかな……？」と思考を促すことにもつながります。

相談されたらまずは聞く、そのためには深める、広げる質問が有効。と覚えて実践してみてくださいね。

◎まとめ

ここでは、「引き出す」スキルを磨く、三つのトレーニングをご紹介しました。

これらのトレーニングをこなしていくことで身につくのは、ファシリテーション力だけではありません。同時にビジネスセンスも磨かれ、コミュニケーション力や仕事力がアップするというご褒美もついてきます。なぜなら、ファシリテーションは全体を俯瞰《ふかん》して状況をつかみ、関わる人たちをまとめ、成果を生み出すコミュニケーションスキルであり、仕事を進めていくうえで必要な能力を磨くことにつながるからです。

ぜひ、できるところから取り組んでみてください。

成果は必ず後からついてきます。

第3章

「まとめる」スキル

——ホワイトボードを最大限に活用する

「まとめる」ための強力なツール、ホワイトボード

「引き出す」スキルでメンバーの目的、意見、気持ちなどを引き出したら、次に取り組むのは「まとめる」作業です。

そして「まとめる」ために力を発揮してくれるのは、どこの会社にでも大抵一台はあるホワイトボード。お馴染みのものですが、じつは、みんなの気持ち、行動を一つにまとめ、成果を生み出す、ファシリテーションの強力なツールでもあります。

ホワイトボードが有効なのは、会議の場だけではありません。例えば数人で数分話すだけのミーティングでも、お互いにマーカーを手に持って、自分の意見を書き込みながら打ち合わせをすることで、目的と意見と行動をしっかり共有することができます。

「ホワイトボードは、意見をまとめ、チームの生産性を上げるために欠かせないもの」

そう言っても、言い過ぎではありません。

この章では、ファシリテーション・ツールとしてのホワイトボードの大事な役割と、効果を発揮する板書のテクニックについて、具体的にお伝えします。

◎対話が生まれるホワイトボード

〝ホワイトボードならでは〟の一番の効果は、みんなの目線が上がること。

「資料を配るなら、わざわざ書く必要はないんじゃない？」と考える方も多いと思いますが、資料が手元にあると、ついつい目線が下がり、誰もがうつむきがちです。

その状態では対話も生まれにくいですし、気持ちが揃わないままの状態では、メンバー同士の協力関係もスムーズには築かれません。

それに比べてホワイトボードに意見を書きながらの議論では、みんなの視線がホワイトボードに集まり、自然と目線が上がります。同じ一つのものを見ながら議論を展開することで、そこに対話が生まれ、気持ちも揃い、会議の場に一体感が生まれるのです。

◎アイデアを引き出すヒラメキボード

ホワイトボードには、メンバーから出た意見やアイデアをどんどんメモしていきましょう。

そうすることで、

「そうか。それなら、こんなアイデアもあるぞ」

「この意見はむしろ、こうしたほうがいいんじゃない」

とひらめいたり、

「これとこれとを組み合わせたらいいのでは」

と自分なりの新しい意見を思いつきやすくなります。

ホワイトボードに書き込まれた、すでに出ている意見を眺めることが、新たなアイデアやヒラメキを生み出すための刺激になるのです。

◎議論の精度がぐんと上がる

「仕事が気になり、ちょっと考え事をしているうちに、議論についていけなくなった」

「会議の場ではわかっていたつもりだけど、けっきょく、何がどう決まったんだっけ？」

こんなふうに、会議やミーティングの場では、話し合いをみんなで理解し、共有しているようでも、じつはそうではないことが意外に多いものです。

その場合も、ホワイトボードにメモ（議論の内容）がちゃんと書かれていれば、出てきた意見は「見える化」されており、勘違いや行き違いもなくなります。

それだけで議論の精度は上がり、まとまりのある、内容の濃い議論が交わされます。

◎「意見」を「個人」と切り離し、客観的に議論を展開できる

意見が違うもの同士、上司や部下といった立場の違うもの同士が同席する会議では、意見の対立は避けがたいもの。

また、間に何も介在しない口頭のみの話し合いでは、個人対個人の意見のぶつかり合いになりがちです。ともすれば、人間関係が絡む感情的な話し合いになってしまったり……。

そんな場にしないためにも、ホワイトボードをうまく使って乗り切りましょう。

大事なのは、出てきた意見は、必ず「無記名」でメモすること。そうすることで、意見

と人を切り離すことができます。全体の議論の流れを俯瞰でき、客観的な議論を促すことにつながるのです。

◎場をコントロールするためにも

ホワイトボードをうまく使えば、議論の場をコントロールすることもできます。

例えば、事前に会議のテーマや議題などをホワイトボードに書いておけば、メンバーの意識が揃い、脱線防止にもつながります。とりとめのない発言が続いたり、結論が出ないまま会議が終わる事態も避けられます。

また、「話してほしい事柄」「考えてほしい切り口」などをホワイトボードに書いておけば、全員がそれを意識しますから、議論を方向づけることも可能です。

万が一、議題にあまり関係のない意見が出たときにも、ホワイトボードのスペースを上手に使うことで、発言者の気分を害することなく、うまく本題に戻すことができるのです（詳しくは92ページを参照）。

一見、何の変哲もない白い板ですが、使い方しだいでビジネスをまとめていく強力なツールとなるホワイトボード。その力をあなた自身でぜひ引き出してください。

ホワイトボードの上手な使い方

ここからは、ホワイトボードを使って議論をまとめていくテクニックについて、具体的にお伝えします。

参加メンバーにわかるように、納得がいくようにまとめるには、いくつかのコツやワザが必要です。

出てきた意見を活かし、みんなの気持ちを揃えるために、ファシリテーターとしての大事な技術ですから、ぜひ、実地で試して、身につけていきましょう。

◎「箇条書き」が基本

メモするのはホワイトボードの枠の中。スペースは限られています。

しかも、みんなに見えるように、文字もある程度大きく書かなければいけません。

気をつけないと、すぐに書くスペースがなくなってしまいます。

だからこそ、できるだけ簡略化した書き方が求められます。


そのための基本は「箇条書き」。

「〜したほうがいいと思います」「〜かなと思うけど、まだ確かなことは言えません」といった語尾は省略します。また、名称など、長い単語は略語で書くのもおすすめです（ミーティング＝MTGなど）。


前に出たのと同じ意見やキーワードなど、重複する意見は書きません。

その代わり、「なるほど、こういうことですね」とうなずきながら、ホワイトボードのメモを指差して確認し、違う色のマーカーなどで、同じ意見のところにアンダーラインを引いたり、丸囲みしたりして、複数の人が同じ意見を言っていることを強調して示しておきましょう。また、あとで補足事項を書き足したりするときのために、メモの行間はゆったり取ります。

◎できるだけ相手の言葉のまま書こう

〈「気がかりなこと」について出た意見〉	〈「意義」について出た意見〉
・自分のやり方でいいの？ ・役職一年目でできる……？ ・自分の評価→部下の給料への影響が不安 ・新人・ベテラン、対応をどう変える？ ・目標設定のむずかしさ →どのくらい具体化する？ →個人で立てていいの？ →修正していい？ ・何を聞く、どこまで踏み込む？	・効率アップのきっかけ ・風通しの良さを生む ・普段とは違う話よりコミュニケーションが取れる ・年度始めに相手のことが良くわかる ・主任→管理職になる意識づけになる ・相手の目指す思いが伝わった

ホワイトボードにメモするときは、できるだけ発言された言葉を使って書くようにします。もちろん、長い意見は簡単にまとめたり、言い換えることも必要です。その場合も、「○○ということでいいですか？」と必ず発言者に確認を取りましょう。自分の発言が、歪《ゆが》められることなく書かれるからこそ、メンバーは安心して議論できるのです。

◎ホワイトボードメモの具体例

具体的なメモの参考例として、実際の会議のメモをご紹介しておきます。

人事評価制度について、現場のメンバーがどう考えているかを意見交換したときのメモです。不安や不満などの「ネガティブ」な感情と、制度の意義という未来に向けた「ポジティブ」な意見を、同時に話してもらいました（87ページ、上図）。

決してきれいにまとまったメモではありませんが、枠を描き、箇条書きでシンプルに書くことで、どんな意見が出てきたのかが一目でわかるメモになります。美しく書くことを優先するのではなく、みんなの意見が俯瞰できる、みんなで見ながら新しいアイデアが触発される、そんなメモを目指しましょう。

◎「これでいいですか？」と確認しよう

86ページでもお伝えしましたが、ホワイトボードに書くメモは必ず、発言内容が正しく書かれている状態にしなければいけません。

そのためには、「ちゃんと確認を取る」という手順がとても重要です。

発言を聞きながら一生懸命板書していると、相手に確認せずに自分の解釈で書いてしまいがち。しかし、勝手な解釈で書いてしまったり、言葉を変えてしまうのはＮＧです。

そうならないために、

「聞いて」→「確認して」→「書く」

という手順を踏みましょう。

具体的には、

①「ふんふん、なるほど」と聞いて、
②「今のはこういうことでいいですか？」と確認し、
③「そうです」と発言者の了解を取ってから書くようにします。

実際にどんなふうにやり取りするか、ある会議でのワンシーンを切り取ってご紹介しましょう。

ファシリテーター　「職場のコミュニケーション改善について、気になっていることは何ですか？」

Aさん　「最近の若い人って、同期とばかり話しているんだよ。ボクら年配の社員ともコミュニケーションを取ってほしいよ」

ファシリテーター　「今のは『若手のコミュニケーション』ということでいいですか？」

Aさん　「いやいや、若手のコミュニケーションというか、若手とボクたちとのコミュニケーションが少ないっていうのが問題だと思うんだよ」

ファシリテーター　「なるほど、『若手とベテラン社員とのコミュニケーションが少ない』ということでいいでしょうか？」

Aさん　「うん、そんな感じかな」

確認が取れれば、「若手とベテラン社員とのコミュ少」というふうに略語も使いながらホワイトボードに書き入れます。

また、相手の話を要約するのが難しい場合は、「今のご意見はどう書けばいいですか？」と発言者に聞いて本人にまとめてもらうのも、一つのやり方です。

ホワイトボードに板書しながらの会議進行は、メリットも多く、ぜひ挑戦してほしいやり方ですが、慣れていないと、うまくまとめるのはなかなか難しいものです。ホワイトボードの前に立つこと自体、けっこう勇気が必要な行動かもしれません。

そこでおすすめしたいのは、第2章、第3章でご紹介している「ファシリテーション・トレーニング」。

私がファシリテーションを勉強し始めた頃に、実際に取り組んだ方法です。メモを書くスキルだけでなく、ファシリテーションに必要な考え方や、コミュニケーション力、そしてビジネスセンスもきっと磨かれます。ぜひ、楽しみながらチャレンジしてくださいね。

◎「聞き手」と「書き手」を分けるやり方も

一人で質問をして、発言を聞いて、確認して、ホワイトボードに書くという作業は、慣れていないとなかなか大変です。

そんなときは無理せず、ホワイトボードに書く書記の役割を、誰かにお願いしてみましょう。

書記をお願いする場合は、ファシリテーターが発言者の意見を聞いて確認するまでを引き受けます。発言者に確認できたら、「今のは、○○と書いてくれますか？」とお願いして、書記に書いてもらいましょう。

役割分担することで、発言者としっかり向き合い、話を聞き、集中して議事を進行することができるようになります。書記の書くスピードが発言に追いついていない場合は、「ちょっと待ってもらっていいですか？」とみんなに声掛けをして、書き終えるまで待ちましょう。

◎脱線スペースを設けておこう

会議の議題や目的をちゃんと告知して会議をスタートしたはずなのに、「そういえば、○○のことだけどさ」「そもそも、この企画はさぁ……」というふうに、議題から外れた意見や、議題のちゃぶ台返しのような発言をする人もいたりします。

そういう場合に備えるためのおすすめは、ホワイトボードに脱線スペースを設けておくこと。議題とは外れた意見が出てきたら、「なるほど」と受けたうえで、「大事な意見ですが、議題からズレてしまうので、いったんこちらに書いておきますね」と伝えて脱線スペースに書き留めましょう。

きちんとホワイトボードに書き留めることで、「自分の意見も聞いてもらえた」と感じてもらえますし、脱線していることにも気づいてもらえます。

◎ホワイトボードは消す、消さない？

議論も進み、ホワイトボードのスペースが段々なくなってきました。これまでの議論が見える化されたせっかくのメモですから、できればこのまま進めたい。けれど、もう書くスペースはないし……という状況もよく起こります。

可能であれば、ホワイトボードは複数枚用意しておきたいもの。複数あれば、一枚には意見をそのまま書き、もう一枚は決まったことだけを書き留めるという使い分けもできます。

もしもホワイトボードが一枚しかない場合は、最初から決まったことを書き込むスペースを確保しておきましょう。メモ用スペースは、必要に応じて消しながら進めます。消す際には、写真を撮って記録を残し、「消していいですか？」とメンバーに確認してから、消すようにします。きれいになったホワイトボードに、引き続き議論する内容を簡単に書き写してから、もう一度議論をスタートさせましょう。

もし参加メンバー全員の意見を個別に書き留めたい場合は、あらかじめ人数分のスペースを想定して書いていくようにします。

ホワイトボードに必要な道具は？

会議用のホワイトボードのおすすめや、気持ちよく使うためのヒントをまとめてみました。

・ホワイトボード

最初に買うなら、無地でシンプルな、大きめのホワイトボードを用意しましょう。スキャナ付き、カメラ付きの多機能なものもありますが、デジカメやスマホで撮影して記録するので十分です。素材はホーロー仕上げのものが塗装面も長持ちして、長く気持ちよく使えます。

サイズは一八一〇ミリ×九一〇ミリ以上の大きさで、できれば両面タイプ。キャスターが付いた可動式のものが使い勝手がよく便利です。

・スマホのカメラ

ホワイトボードメモを画像に収めるときには、ぜひスキャナアプリも活用しましょう。会場によっては、照明や窓が映り込んだりして、正面から撮りにくい場合もありますが、アプリを使用すれば斜めの角度から撮影し、後できれいに補正することもできます。Microsoft Lens や、CamScanner など様々なアプリがありますから、用途に合うものを活用してみましょう。

・ホワイトボード用マーカー

黒・赤・青の三色を揃えます。

黒のマーカーはメインに使うので数本用意し、インクの補充も怠りなく。

太さは中字以上のものを。広い会議室や多人数の場合は、極太のホワイトボードマーカーを使いましょう。

また、ホワイトボードマーカーは横置きが鉄則。立てておくと、インク詰まりの原因になるので要注意です。

・イレーザー

ホワイトボードに書いた文字は、インクが乾くのを待って消すようにします。放置しすぎて消せなくなった場合は、水拭きするか、無水エタノールで拭き取ります。

・マグネット

資料をホワイトボードに貼るのに便利です。

おすすめは、バータイプの磁力がしっかりしたもの。資料を貼るときには上下をぴったり押さえましょう。

クリップタイプのマグネットがあれば、配布物を挟んでホワイトボードに貼れるので、こちらも便利です。

・**付箋紙**

アイデア会議などで使う場合、七五ミリ×七五ミリの正方形のサイズがおすすめです。剝がれやすいので強粘着タイプを選ぶこと。

記入するための太めのサインペンも、人数分用意しましょう。サインペンは裏写りしないもの（プロッキー〈三菱鉛筆〉がおすすめ）を選びます。

・**バタフライボード**

ノートサイズのホワイトボード。持ち運べるので、少人数のミーティングのときに便利。専用の極細マーカーもあります。

マグネット付きなのでホワイトボードに貼ることもできます。

★そのほかに、模造紙、ミニサイズのホワイトボード（一〇〇均等で買えます）、イーゼルパッド（大型サイズの付箋紙。一枚ずつ剝がして壁に貼れます）、静電気で壁や窓などにくっつくホワイトボードシートなども、あると便利です。

ファシリテーション・トレーニング〈まとめる編〉

◎「それってこういうことでいい？」聞いてまとめる要約トレーニング

私たちは大抵の場合、「言いたいことを言いたいように」話します。「相談にのってはみたけど、話があちこち飛んでしまって、何に悩んでいるのかよくわからない……」。そんなこともよく起こるもの。だからこそ、聞くスキル、質問のスキルの次は、わかりやすくまとめる「要約スキル」も身につけていきましょう。

要約とは、文章や話の要点を短くまとめること。相手の話を聞きながら、「～ということ？」というふうにまとめます。

例えば、仕事に悩むAさんに相談されたBさんは、Aさんの話を要約しながら、次のように話を聞きました。

Aさん「最近、仕事が面白くなくてさぁ……。いっそ転職したほうがいいんじゃないかと思うんだよね。上司や同僚ともウマが合わないし、やる気出ないし」

Bさん「そうなんだ……。最近どんなことがあったの？」

Aさん「うん、今やってるプロジェクト、同僚とチームでやってるんだけど、上司はそっちばっかり評価して、私のこと見てないと思うんだよね。同僚も、何でも自分の手柄にしちゃうし。私だって頑張ってるのに……」

Bさん「えー。そんな感じなんだ」

Aさん「そう。大体、同僚もズルいんだよ。上司がいる会議だけ張り切っちゃって。資料作りとかは私が全部やってるのに……」

Bさん「そっかー……。同僚は自分の手柄のことばっかりで、上司はそこに気づいてないってこと？」

Aさん「そうそう！　なのに、こないだ上司に『会議でもちゃんと意見出せよ』とか言われちゃって……。頭きちゃう！」
Bさん「会議ではどんな感じなの？」
Aさん「同僚が仕切ってるから、私はどちらかと言えば黙ってるほうかなー。会議だけ見ると、やる気ないように見えちゃうかもね」
Bさん「資料とか準備で頑張ってることがわかってもらえてないってことかー」
Aさん「そう！　そうなんだよー」
Bさん「何か悔しいねー」
Aさん「うん。まあ、そう思うならもっと上司にアピールしたらいいのかもしれないけどね……」
Bさん「例えば？」
Aさん「うーん、資料作りについてちょっとしたことでも相談しに行くとか……」
Bさん「うんうん。他には？」
Aさん「会議でも少しは発言したほうがいいかな……」

Bさん「いいじゃん。資料作りの相談とか、会議での発言ね」
Aさん「そうだね。愚痴ってても仕方ないし、やってみるかー」

いかがでしょう。Aさんの話を否定せず聞き、具体化しつつ要約することで、Aさん自身の置かれている状況や、やるべきことが段々と明確になっていきます。ポイントは、「うなずき・相づち・繰り返し」と、「具体的に掘り下げる質問」、そして「要約」です。

①「相手の想いや気持ち」「何を感じているか」「何を考えているか」「気がかりは何か」「どんな希望をもっているか」ということを否定せずに、「聞いているよ」と伝わるように、反応を返しながら聞く。
②相手が言っている内容を自分はどう理解しているか、短い文章に言い換えて確認してみる。
③相手が肯定したら、引き続き聞く。「そうじゃなくて」と返ってきたら、どういうことなのかを再度聞く。

現実はここまでスムーズに進まないかもしれませんが、要約しようと意識することで、聞く態度も整います。要約し、相手に返して確認することは、言い換えれば「鏡のように相手の姿を写し出す」役割をしているということ。あなたに話すことで、何に悩んでいるのか、何をすべきかが明確になりますから、周りの人たちから相談者として頼られるようにもなります。身近な人から相談をもちかけられたら、ぜひ実践してみてくださいね。

◎「まとめる力を上げるには？」まずはノートに一本の線を引こう！

人によってバラバラな意見を「まとめる」って難しい……。

多くの人が抱える悩みですが、その悩みに効くのが「ホワイトボード」の活用。

私がファシリテーターとして会議に参加するときは、出てきた意見をホワイトボードに書き、その場でまとめながら進行していきます。

この章で詳しく書きましたが、ホワイトボードは会議やミーティングで意見を「まとめる」うえで、とっておきのツールです。みんなの視線が上を向いて気持ちもひとまとまりになり、会議の内容が「見える化」されることで、議論が前向きに進みやすくなります。会議の進行に悩む方には、ぜひ取り入れていただきたいのですが、いざ使ってみようとなると、なかなかハードルが高いという声もよく聞きます。

自分から手を挙げて「私がホワイトボードに書きます」と言うのは、ものすごく勇気がいることかもしれません。

また、これまでそんな経験も機会もなかったとしたら、「私にはムリ、できない」となっても仕方ありません。

もしそんなふうに悩むなら、まずは「ノート」で練習してみましょう。練習のポイントは「線」を引いて書き分けること。どんなふうに線を引いて実践するのか、詳しくお伝えします。

◎「ノートを取る目的は?」まずは目的を意識しよう

「書き込んだことがぐちゃぐちゃで、後からノートを見直してもよくわかりません……」

これもよく聞く悩みですが、そうなってしまう大きな原因は、ノートを取る目的がハッキリしていないこと。「何のためにノートを取るのか」が明確になれば、「何」を、「どのように」書くべきかが明らかになります。ここでは、「記録」と「共有」を目的にしたノートの取り方を説明します。

記録とは、「将来のために物事を書き残すこと」。私たちは聞いたことすべてを覚えておくことなどできませんから、忘れたくないことや、やろうと思ったことは書き残しておくことが必要です。書き残しておくのは〝未来の自分に向けて〟ですから、「ぐちゃぐちゃで後から見直してもよくわからない」ノートでは困ります。未来の自分は他人と考えて、他の人にもわかるように書き残しましょう。

そのためにも、もう一つの目的「共有」を意識することが有効です。共有相手は未来の自分と、ノートに書く内容に合わせた周りの誰か。他人に見せても大丈夫なノートを取れるようになることを目指しましょう。

「字が汚くて……」と悩む方も、意識して読みやすい文字を書く機会を増やすことで、段々と上達します。聞きながらノートを取るのは、どうしても走り書きになりますから、ある程度字が乱れるのは当たり前。きれいな字を書くことよりも、後で読み返したときに読める、「読みやすい字」を目標にします。

読みやすく書くときのコツは、文字の中心線を揃えること、そして余白を作ること。特に改行のスペースをゆったりめに取ることで、だいぶ読みやすくなります。また、漢字で書くことにこだわると、手が止まりがちですから、カタカナや略語で書くことも取り入れてみましょう。ミーティングは「MTG」、会議は「カイギ」と書くだけでも、書くのが随分楽になります。

文字の中心線を揃えるには、ガイドがあると便利です。使うノートのおすすめはうすくタテヨコ線の入った方眼紙タイプのもの。線を引いたり、図を描いたりするのにも便利です。大きめのノートを使ってどんどん書きたい人は、一〇〇均で売られているスケッチブックを使うのもおすすめです。

◎「何を残すか決めておこう」線一本でノートが変わる

「まずはノートに一本の線を引いてみてください」

そう教えてくれたのは、働き方研究家の西村佳哲《よしあき》さん。二十代の頃参加したワークショップで、まず初めにノートを取るコツを教えてくれました。

研修やセミナー、講演などで誰かの話を聞きながらノートを取るときは、ノートの右三分の一くらいのところに、タテの線を一本引きます。左側に書くのは、その日に講師が話した内容。板書したことや、印象に残ったことなど、何でもどんどん書いていきます。ただ、これらの情報は、本やインターネットで調べればわかることがほとんどです。話し手しか知らない体験談や、「ここだけの話」はぜひメモに残したいところですが、本当に大切なのは話し手の話ではありません。

本当に記録して、未来に書き残すべきは、話を聞いて生まれた気づきや発見。そして、あなたがやろうと思ったことなど、未来に向けての行動のヒントです。

「だからあのときうまくいかなかったんだ」「今度これをやってみよう」、そう思う気持ちは「揮発性《きはつ》」。浮かんでは消え浮かんでは消えを繰り返し、すぐに後の情報に上書きされてしまいます。とても大事な、けれど儚《はかな》い気づきや発見は、線を引いた右側に。もちろん、「決まったこと」「やるべきこと」など、必ず覚えておくべきことや、「意味がわからなかった言葉」「後で調べようと思ったこと」などを右側に書くのもおすすめです。

大事なことこそ記録する場所をきちんと確保して、未来の自分に書き残しておきましょう。

◎「今の話ってこうだった？」見せるノートでレベルアップ！

線を引いて書くことに慣れてきたら、今度は「見せるノート」にチャレンジです。通常ノートに書く内容は、人に見せることを前提としていません。人の目を意識しないから、自分にだけわかればいいやと雑になりがち。もちろん、単にノートを取るだけならそれでいいかもしれませんが、ここでお伝えしているのは、ホワイトボードを使った「まとめ力アップのためのノートトレーニング」。

ホワイトボードはみんなに見せるためのものですから、まずはノートを使って練習していきましょう。

例えば研修やセミナーに参加したときは、次の二つを意識してノートを取ります。

①「今日の話は、つまりこういうことだった」と他の人に伝える前提で書く。
②実際にそれを他の人に見せながら説明する。

◆ノートを取る目的

（1）記録のため

（2）共有のため

研修やセミナーの内容は、ある程度流れに沿ってまとめられていることも多く、ノートを取る練習の機会にうってつけです。まずは研修タイトルを書き、そこからは、小見出しをつけながらメモを取ります。メモは箇条書きでＯＫ。「ここでのポイントは三つです」というように、整理して話してくれる人であれば、まずは三つを箇条書きにします。大抵の場合、その項目についての詳細説明や、事例なども話されますから、三つの項目の間の余白はできるだけ広く取りましょう。

例えば、この本でも説明したノートを取る二つの目的について説明されたら、上のように書きます。

余白が入ることで、後の話を書き足しやすくなりますし、読みやすくもなります。もちろん、右側には自分の気づきや発見を書くスペースも確保しておいてください。話し手の話と、自分の気づきを書き分けておくことで、他の人にもわかりやすい見せるノートが書けるようになります。

さて、ノートを取ったら次のステップ、他の人との「共有」です。ノートを見ればすべてがわかる、そんな完成形を目指す必要はありません。目指したいのは、「ノートを見せながら説明できる」補足資料としてのノートです。

できれば休憩時間などを使って、一緒に受講したメンバーと共有できれば、自分が書いていなかった内容を書き足すこともできるかもしれませんし、研修の内容を話題にして話し合うことで、新しい気づきが生まれるかもしれません。

その場での共有が難しい場合は、会社の上司や先輩、同僚に「こんな内容でした」と話して共有することもおすすめです。

◎応用編：ブログやSNSも使い方しだい。シェア前提でノートを取る

「今日参加する講演の内容は、後でブログにアップしよう」
「今回の研修のポイントは、社内のイントラネットに投稿しよう」

ある程度ノートのまとめ方のコツがわかったら、シェアする前提でノートを取ってみましょう。どんな内容を書くかを決めてから話を聞き、テーマに合わせたメモを取っていく方法です。

例えば、コミュニケーション研修に参加するとき。もしもあなたが若手リーダーの立場であれば、「若手リーダーが上司との対話で気をつけること」や「後輩指導のコツ」をテーマにおくのも良いかもしれません。そしてそのテーマに合う内容だけをメモに残すと決めて取り組みます。参加する前に、テーマやタイトルから大体のキーワードを絞り込ん

で、書く内容を決めてから参加すると書きやすくなります。

書くことでまとめる力がレベルアップし、そして周りからも感謝され、一目置かれる「見せるノート」。ぜひ、チャレンジしてみてくださいね。

◎「もしもあなたがファシリテーターだったら？」
会議の場でもノートトレーニング！

仕事で参加する会議やミーティング、もしかしたら退屈で、「早く終わらないかな……」と思う会議に参加することもあるかもしれません。そんなとき、PCやスマホで内職をする人も多いのではと思いますが、どうせなら将来の会議に備えて、ノートトレーニングの時間にしてしまいましょう。

◎「話されていることは何だろう？」
議論をノートにまとめてみる

実際に自分が会議を回す立場になったときにしなければいけないことは、メンバーの発

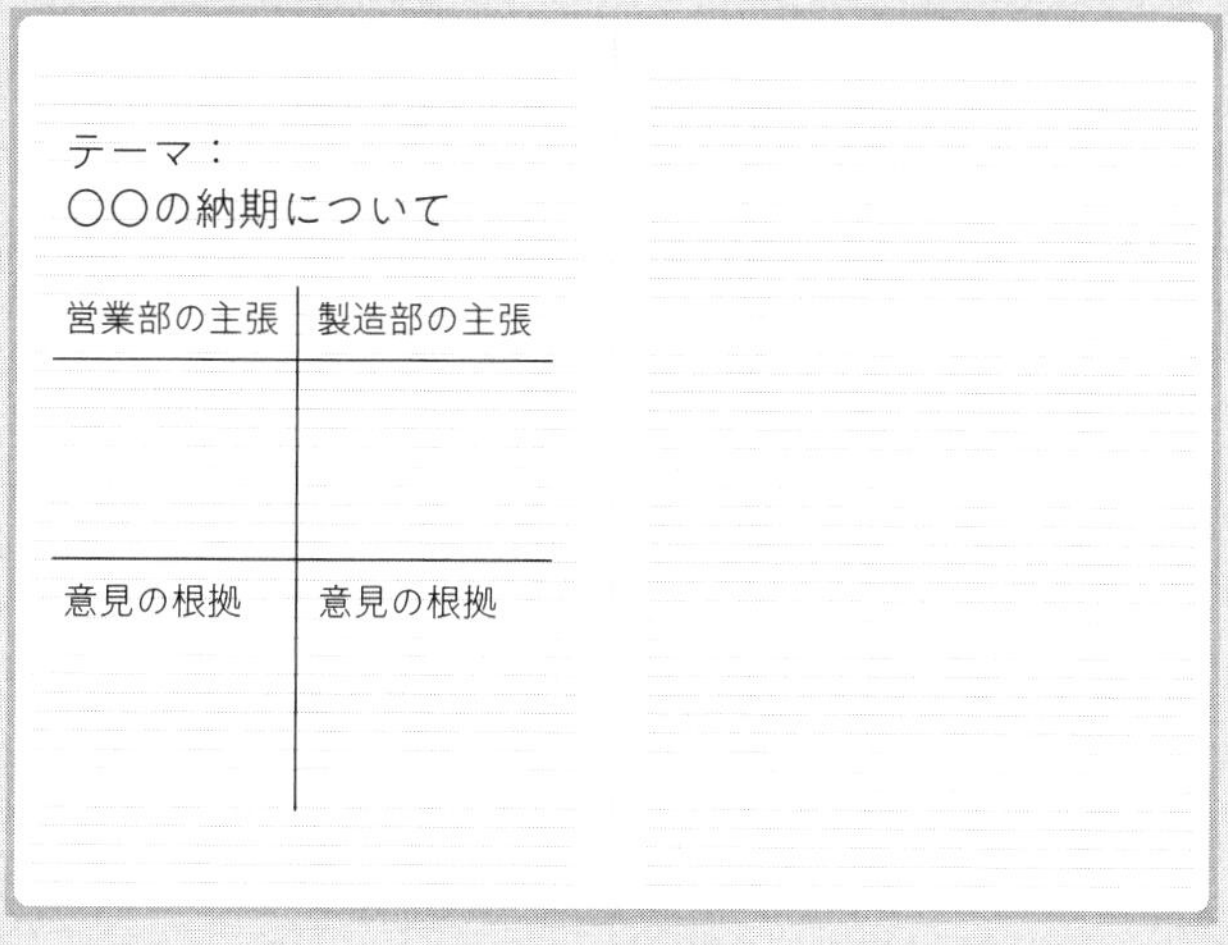

言の内容を整理すること。その力を磨くためにやってみてほしいのは、今話されている「テーマ」は何で、参加者の意見や根拠は何かを書き出してみることです。

例えば会議で、営業部と製造部のメンバーが、侃々諤々《かんかんがくがく》と議論を戦わせているとします。議論のテーマは何なのか、営業部の主張と製造部の主張は何で、そう話す根拠は何かを書き出していきます。

書きやすくするために、最初に線を引いてスペースを用意します。

練習ですから、間違えてもOK。できれば、一緒に会議に参加した人に、後で「こんな内容だった？」と確認できたらベストです。出てきた意見と背景（根拠や事実）をどんどん書き出して、その場の議論を「見える化」してみましょう。

最初は、会話のスピードについていけず、戸惑うこともあるかもしれませんが、これも場数です。この練習を繰り返していると、しだいに会話の中から意見や根拠を抽出する感覚が磨かれていき、書く力も随分とレベルアップするはずです。

◎「どうしてこうなるんだろう？」会議の進め方を観察する

「Aチームの会議はいい感じにまとまるのに、Bチームの会議はいつもダラダラとまとまらない……」

そんなふうに感じたことはないでしょうか。人が集まる場では、メンバーの個性や関係性、また、会議の進行の仕方によって、随分と雰囲気が変わるものです。自分の会議進行のレベルをアップさせたいなら、他人の進行から良い点、改善点を学びましょう。

例えば、リーダーが「何か意見はありませんか？」と言っているのに、誰も何も発言しないとき。

「そういうもんだよね」と終わらせるのではなく、「意見が出ない理由は何か」を考えてみる。「参加者の一人として、どう振ってくれたら発言しやすくなるか」を考えてみる。

自分自身が参加者の立場のときこそ、より良い対話の場づくりを考えるチャンスです。意見も結果も出る良い会議に参加したときには、「リーダーが優秀だから」で終わらせず、「リーダーのどこが上手《うま》いんだろう」「何がこの雰囲気を作っているんだろう」と観察してみることも有用です。

こういった観察は、日常の対話の中でもできます。「課長に言われると、何かイヤな感じがするんだよな……」と思ったら、「何でイヤだと思うのかな」「どう言ってくれたら素直に聞けるだろう」と考える。「あのお店の店員さん、すごく話しやすいんだよな」と感じたら、その理由を考えてみる。

自分の感覚に目を向けて、そう感じる理由を探り、対応の幅を広げていきましょう。

また、いつか自分が会議を進行するときに備えて、会議の進め方を「進行表」の形で書いていくやり方もおすすめです。

タテに二本線を引いて、左端に時間を、真ん中にはその日の議題、そして右のスペースには、何が行われていたかを書きます。そんなふうにメモを書くことで、会議はどう進行されているのか、どの議題にどのくらいの時間がかかっているのかなど、今後に活かせる情報がたくさん手に入ります。

退屈な会議ほど、まとめる力を磨くトレーニング時間に。

未来の自分のためにしっかり実践していきましょう。

第4章

成果が出る！会議の準備と段取り

「事前の準備と段取り」が会議の成果を決める

参加メンバーが積極的に会議に参加し、建設的な意見を言い合って、「よし、これでいこう！」と確信に満ちた合意のもとに物事が決まっていく……。

「会議がいつもそうなれば、言うことないんですけどね……」

ため息とともにそうおっしゃる方も多くいらっしゃいます。

たしかに現実の会議は、盛り上がらなかったり、意見が出なかったり、グダグダしたりと、なかなかうまくはいかないものです。いつも一〇〇点満点の会議が必ずできる、とは言いませんが、会議には「うまく回していくカギ」となる大事なポイントがいくつかあります。そのポイントをきちんと押さえていけば、息を吹き返したように、あなたの会議も回り始めます。この章では「成果を出すための会議」について、アプローチの方法や進め方をじっくりお伝えします。

最初に押さえておきたいポイントは、「会議をうまく進めるには『みんなで集まって話し合う場』だけではなく、その前の準備が肝要」ということ。

多くの方は「会議の場をうまく回すことこそ、ファシリテーターの腕の見せ所」と、そこばかり気にされているように思われます。

しかし、会議はその前段階の部分がとても重要です。

いかに事前の準備や段取りをしっかりやっているかで、会議がうまくいくかどうか、成果を上げられるかどうかが決まるのです。

参加者が「充実した時間」だったと納得し、会議の後、決まったことに前向きに取り組めるのも、事前の準備や段取りがきちんとしていて、会議では話し合うべきことが話し合われ、決めるべきことがしっかり決まっていればこそ。

そのために、ファシリテーターが会議の前にやっておきたいのは、次のようなことです。

- 決定権は誰がもっているかを確認する
- 会議のメンバーを人選する
- 会議の目的とゴールを設定する
- 会議の決め方を決める
- 会議をうまく進行するための根回しをする
- ざっくりとしたスケジュールを決める
- 情報収集をする
- 会議の要件をメンバーに告知する

一つひとつ、具体的にご説明します。

その会議の決定権をもっているのは誰か？

「最終的な判断をし、決定を下すのは結局のところ誰なのか」

そこを事前に押さえておかないと、会議はうまくいきません。

メンバーみんなで考え、議論し、決定した結論が、最終的な権限をもつ部長のちゃぶ台返しで却下ということも、残念ながらよくあること。そうならないためにも、最終的に判断し、決定を下す人＝「決定権者」が誰かを知っておくことは、会議を骨抜きにしないために大事なことなのです。

例えば化粧品メーカーの新商品開発会議で、新発売の化粧水を「さっぱり系」にするのか「しっとり系」にするのかで意見が分かれたとしましょう。

双方の意見を交わし合い、散々みんなで検討して「しっとり系でいこう」と決まったとしても、最終的に決定を下し、書類にハンコを押し、ゴーサインを出す人がOKを出さない限り、物事は前に進みません。この「最終的に物事を決める人」のことを「決定権者」といいます。

もし、あなたがファシリテーターを任されたのなら、その会議の決定権者は誰なのかを、まずは探りましょう。

社長なのか？　役員なのか？　部長なのか？

その社長なり部長なりが判断するときに、決め手となる条件は何なのか、優先順位の上にくるのは何なのか、「ここは気をつけたほうがいい」ことはあるのかなど、様々な要素を整理したうえでなければ議論を進めることはできません。

新しいことにチャレンジしたいと思っている人なのか、どちらかと言えば既定路線を守りたい保守的な人なのかによっても、会議での判断基準は違ってくるでしょう。

◎そこに「ズレ」がないかを確認しよう

例えば、若手メンバーに任されたアイデア出し会議の場合。議論は大いに盛り上がり、

「いいね。このアイデアは絶対面白いし、我が社も注目されるだろう。これでいこう」と決まったとしましょう。

ところが決裁する上司が、「面白く、注目されるアイデア」より「世の中の役に立つアイデア」を求めていたとしたら。折角《せっかく》出したアイデアも、上司にとっては響かない、納得してもらえないものになるかもしれません。

「何でもいいよ。決定条件なんて別にない。いいものが出てきたらそれでいい」と言う上司も中にはいます。しかし、そんな場合でも油断禁物。みんなで出したアイデアを聞いてから、「イメージと違う」「こういうことを求めているんじゃない」と否定的な態度でダメ出しされる可能性も大いにあります。

実際、「何が食べたい？」と聞かれ「何でもいいよ」と答えて食事に行ったものの、目の前に料理を出されたら、「自分が食べたいものはこれじゃない」と思うのは誰にでも起こることです。目の前にアイデアが出てきて初めて、「善し悪し」や「自分の軸」が決まっていくこともそれと同じで、往々にして起こりうることなのです。「何でもいいって言ったじゃないか……」と、徒労感でむなしくなる前に、押さえるべきポイントをしっかり押さえておきましょう。
「何でもいい」と言われたときこそ重要なのは、相手のこれまでの言動をよく観察したり、周りの人から話を聞いたりすること。そして、「この人にはどういう傾向があるのか」を調べ、会議に臨むことです。

そのうえで、結論を出す前段階、いろいろなアイデアのリストが出たくらいの段階で、相手に打診したほうが賢明です。「こういういろいろなアイデアが出てきましたが、どう思いますか？　ちょっとご意見をお聞かせください」と言って、相手がどのような反応を示すのかを探っておきましょう。

また、こういったプロセスをファシリテーター一人で担う必要はありません。メンバーにも「今回の議論は、こういうプロセスを経て上層部に伝わり、○○役員によって承認されます。それを踏まえたうえで、何をすべきか議論していきましょう」と伝え、共有しておくのも一つの手です。

全員が共有したら、決定権者にアイデアを伝える効果的な方法や、気をつけるべき点、納得させるための方法を議論する時間を取り、メンバーみんなを巻き込んでいきましょう。

参加メンバーの人選をする

会議の準備では、参加メンバーの人選も大事になってきます。
話し合う内容によっては、チーム全員で集まらなくても、目的に合わせて必要なメンバーだけがいればいいときもあります。

例えばある企画を進めていきたい場合、まずは企画に賛成しているメンバーだけで話し合うことも有効です。場合によっては、関係するメンバー数人で集まって話を詰めたうえで、後で他のチームメンバーに内容を連絡するので事足りる場合もあります。もちろん、良い議論を進めるには反対意見を言ってくれる存在も重要ですし、反対する人たちを説得するために招集する場合もあります。

しかし、会議のテーマに直接関係のない「評論家」的立場の人が口にする反対意見は、本筋に関係ない場合も多いもの。その人がその会議に外せない人かどうかを吟味して人選しましょう。


たとえうるさ型であったとしても、参加者からキーマン（チームの幹部やリーダーなど、テーマやチームへの影響力が大きい重要人物）を外すべきではありません。「スピードが大事だから、中心メンバーだけで決めてしまおう」というときも、影響力の大きいキーマンを早い段階で巻き込んでおくことが大切です。

中には、「あの人、絶対文句言うよね」とわかっているキーマンもいます。

しかし、そういう人ほど、会議のメンバーに入れておかないと、「自分は呼ばれていないから、知らないよ」と後で問題が起こるかもしれません。

キーマンが反対すれば、会議で何が決まったとしても、実行できる可能性は低くなります。だからこそ、キーマンには会議メンバーに入ってもらい、たとえ反対意見であっても、貴重な意見としてきちんと耳を傾けましょう。反対している理由とそう考える根拠は何か、どんな対策を打てば賛同してもらえるのかなどの意見を引き出す時間として、会議を効果的に活用しましょう。

「何のために話し合うのか」という目的とゴールを事前に決めておく

「うちの会議は、ダラダラ時間が過ぎていくだけで、結論も出ないんですよね……」と嘆く方も多くいます。

そういう会議は、「何のために話し合うのか」（→目的共有）、「その会議で何を決めるのか」（→ゴール設定）という「目的」と「ゴール」が、はっきりと参加メンバーに共有されていないことがほとんどです。

会議を開くときに大事なのは、「目的」と「ゴール」の確認。これを曖昧なままに進めてしまうと、「まとまりがなく、時間ばかりが過ぎていく」会議になってしまいがちですから、最初にしっかり押さえておきましょう。

「目的」とは会議のタイトル、議題にあたるもの。「職場改善のための会議」「〇〇年度予算会議」「提案書のフォーマット改善のための話し合い」「A社広告プレゼンに向けてのアイデア会議」「新入社員歓迎会について」など、「何のための話し合いか」がはっきりと伝わるものです。

「ゴール」は、「その会議では何が決まればいいのか」ということを示します。


誤解されがちですが、「〇〇について話し合うこと」はゴールではありません。これはゴールではなく、「会議の場でやること」。〇〇について話し合ったうえで「何をアウトプットするのか」が明確になったものがゴールです。

例えば、「売り上げ拡大のアイデアを三〇個出して、アイデアリストを作る」「新入社員歓迎会の詳細について決める」といった明確なゴールを設定しましょう。ゴールを明確に決めることで、メンバーの意欲や集中力を引き出すことにもつながります。

アクションプランを作るのが目的の場合は、「具体的な日時を決めたスケジュール」「実施する内容」「担当者は誰か」というところまで決めてゴールです。あるいは「職場改善会議」のように、「みんなが感じている現状と問題点を共有する」のが、とりあえずのゴールという場合もあります。

「何のために会議を開くのか」「結果として何をアウトプットするのか」という目的とゴールの二つをまず決めましょう。しっかりとした骨組みが定まらないと、結果に向けて動き出すことはできないのです。

「決め方」を決めておく

「出てきた意見をどのような方法でまとめ、決定するのか」という「決め方」を、会議の前に決めておくことも大事です。決定方法が決まったら、ファシリテーターは「今日はこういうやり方で決めたいと思います」と冒頭で告知するようにしましょう。「決め方」が参加メンバーに伝わることで、議論のやり方や内容も自然と定まっていきます。

会議の「決め方」にもいろいろありますが、ここでは主な三つのパターンについて整理しておきましょう。

①リーダーが決める
②多数決で決める
③みんなで評価しながら決める

①リーダーが決める場合

リーダーはプロジェクトやビジネスの結果に責任をもつ立場です。決定権をもつリーダーの場合は、決断を下すのはリーダーの仕事であり、役割とも言えます。

しかし、「リーダーが自分で決めるのなら、そもそも会議なんてしなくていいのに……」「あのとき議論したから、と言い訳に使われるんじゃないの?」というメンバーの不満も多いもの。「どうせリーダーが決めたい方向に誘導されるんでしょ」「部下の意見なんか、どうでもいいくせに……」と不信感をもったまま議論しても、良い会議にはなりません。

リーダーが決めるのなら、最初にそのことを伝えておきましょう。

そのうえで、何のためにみんなの意見を聞きたいのか、聞いた意見をどう扱うのかなど、会議を開く意図を明確にしておきます。ディスカッションをする意義とその場で発言してほしい意見や、共有してほしい情報などを整理して伝え、会議の意味づけをきちんとすることで、メンバーも参加する意義を感じられるのです。

②多数決で決める場合

文字通り、得票数が多いほうの意見を採択する決め方ですが、メンバーにとってテーマの重要度が低い場合を除き、あまりおすすめの決め方ではありません。なぜならば、僅差《きんさ》で決着がついた場合、結論に遺恨を残すことにもつながりますし、立場やテーマに対する関わりの強弱に関係なく、一人一票という設定自体が、現実に合っていない場合が多いからです。

それでも多数決を採用する場合は、「多数決で決めること」自体への了承をメンバーみんなに取ったうえで実施しましょう。

③みんなで評価しながら決める場合

最後にご紹介するのは、みんなで評価しながら決める方法です。折角みんなで出したアイデアですから、絞り込むのもみんなで一緒に行いたいもの。そんな場合は、絞り込むための「評価軸」を決め、「ＡＢＣ分析」を行う方法が有効です。評価軸はテーマに合わせて決めてよいのですが、ここではオールマイティに使いやすい「効果性」と「実現性」を軸にしたやり方をご紹介します。

①まず、その日の議題について、各自の意見を付箋に書いて、ホワイトボードに貼ります（大きい付箋と太字のマーカーを用意しましょう。意見は一枚につき一つずつ書いていきます）。

ファシリテーターや書き手を任された人が、口頭で意見を聞きながら、ホワイトボードに書き出していってもいいでしょう。

ABC分析

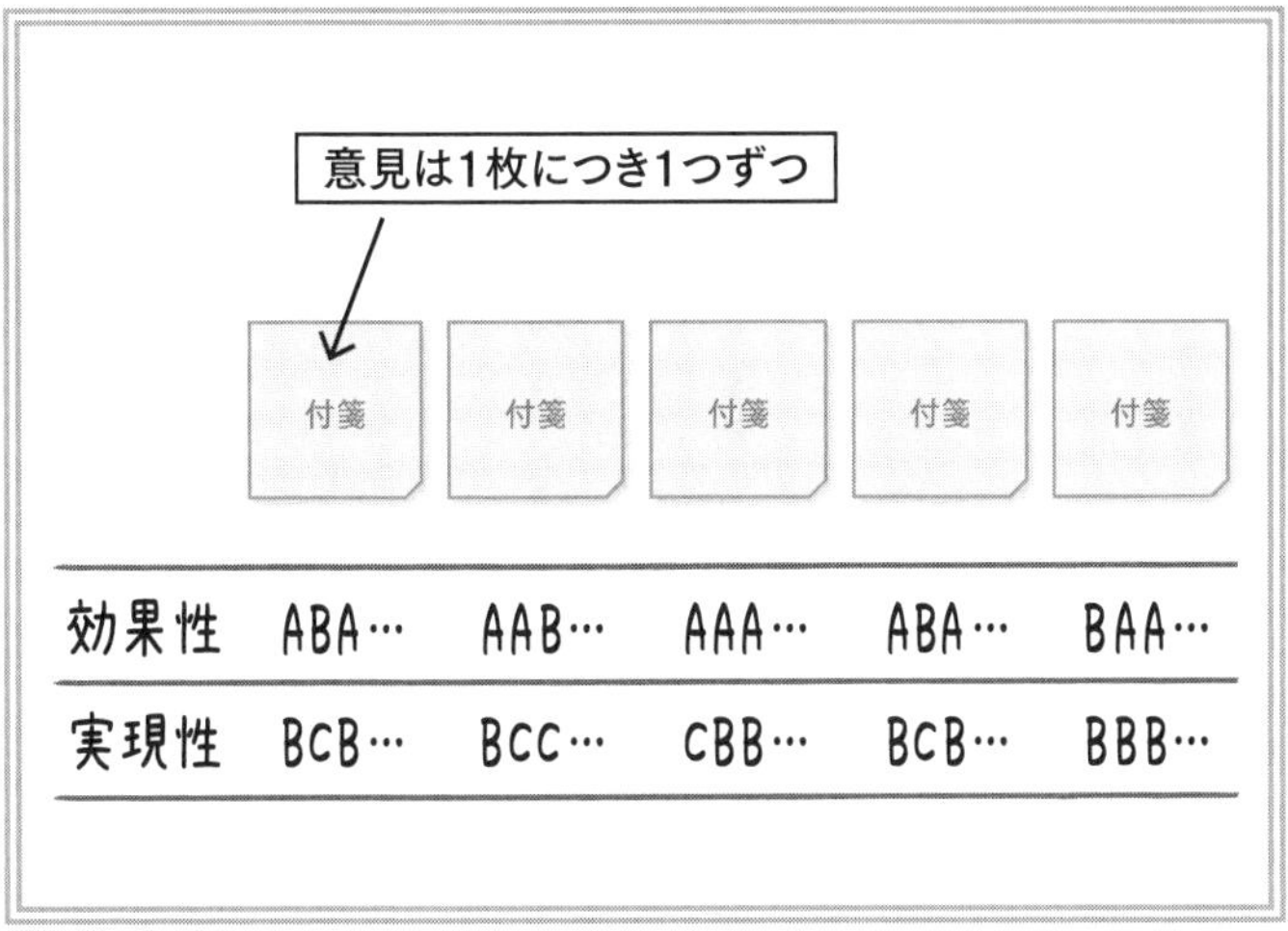

②個々の意見を「効果性」と「実現性」で分析していきます。
それぞれA（高い）、B（まあまあ）、C（低い）で評価します。書かれた意見の横に、メンバーみんなで書き込むやり方もおすすめです。

③みんなが効果性が高く、実現性も高いと評価した意見が、採用する価値が高いということになります。投票結果を見ながら、この意見を採用するのでよいか、まとめの議論を行います。

意見も分析も評価も「見える化」した中で行いますから、メンバーの納得感を引き出しながら決められるという効果もあります。

番外編「きみが決めたらいいよ」と上司に言われた場合

権限のない立場なのに、「きみが決めてくれよ」と言われたら……。「えっ、ボクがですか？」。頭の中がマッシロというほど、戸惑うのではないでしょうか。

実は私にも、そういう体験があります。

独立してすぐの十数年前の話です。地域の特産品を活かした商品作りのサポート業務にアシスタントとして関わっていたとき、東京での展示会開催企画が持ち上がりました。プロジェクトメンバーは、マーケティングの専門家や広報の専門家など、販促支援のプロばかり。全員私よりもベテランで、それぞれにしっかり意見をもって参加企業の支援を行っている人たちでした。

だからこそとも言えますが、展示会の企画内容について、A案とB案に意見が真っ二つに分かれ、大揉めに揉めたのです。

どちら側もプロですし、私はチームのアシスタントで、マーケティングやイベント運営については、ほぼ素人でしたから、私が口出しをする立場にはないと思っていました。意見は平行線でまとまらないまま、展示会に向けたスケジュールはどんどん厳しくなっていきます。何とかしなくてはと考えていたある日、個人的にチームリーダーに連絡し、「何とかしてください」と相談したときのことです。

「このままだとまとまりません。いっそリーダーが決めてくださったらいいと思うのですが……」

そんなふうにお願いした私に返ってきた答えは、「じゃあ、谷さんが決めたらいいよ」という思いもよらないものでした。

「え……！　私がですか？」「責任は僕が取る」と言われても……と戸惑い悩み、意見の違う専門家たちの間で右往左往しながら、大失敗ではないけれど、成功にはほど遠い形で展示会企画を終えました。

正直、この当時は「押しつけられた……」と不満タラタラだったのですが、ファシリテーションの実践者的立場から冷静になって振り返ってみれば、「一人で抱え込みすぎていた」私にも問題があったことに気づきます。

「自分が何とかする」のではなく、「みんなで何とかする」のを促進するのがファシリテーション。「みんなでやるべきこと」を、うまくできるような方向にもっていくことこそが大事です。

今だからこう思えるのですが、権限がないのに決定するように言われた場合、取るべき行動は次のようなことだったと考えています。

まず、リーダーに質問をして、評価の基準をもつこと。例えば次のような質問です。

「どこまでリスクを取っていいですか?」「展示会をやることで、どういう成果を出さないといけないですか?」「理想的な展示会ってどういうものですか?」「注意しなければいけない点は、どういうことでしょう?」「『こういう結論はダメ』というパターンはありますか?」

こんなふうに質問することで、最高と最悪のパターンを整理して、できれば「最高を目指すために何ができるか」、少なくとも「最悪にならないように、どうリスクを回避するか」を考えます。そして一人で考えるだけでなく、「この内容で行こうと思いますが、どう思いますか？」と常にリーダーやメンバーと対話を重ねながら進めていく。そんなやり方を取ることで、他のメンバーと一緒により良い成果を目指せたのではないかと振り返っています。

任された以上、「うまくいかないリスク」も飲み込む必要があります。「失敗から学べ」とはよく言われること。

質問をし、確認し、対話を重ねながら、意を決してやるしかありません。

こういうパターン、そうあることではないかもしれません。

でも、仕事をするうえで、あなたが何かを決定するように上層部から求められた場合には、ぜひ一人で抱え込むのではなく、対話を通じてメンバーを巻き込み、一緒に難題を乗り切る対応を工夫してみてほしいと思っています。

上司やキーパーソンへの根回しを怠りなく！

ファシリテーターを任されたら、会議の前にやっておきたい大事なことがあります。上司や、その部署の実質リーダーである古株の社員など（決定に影響力をもつキーパーソン）に、「こういう形で進めていく」と伝え、共有しておくことです。つまり「根回しをちゃんとやりましょう」ということ。

「誰が実質リーダーで、キーパーソンかを見極めて根回しをしておく」のは、見逃しがちですが、大事な会議の準備です。

会議で議論をした後に、影響力ある人から「聞いてないよ！」という声が上がる事態は回避したいもの。かと言って、その人や上司がいつも会議に参加できるとは限りません。相手が参加できないときや、最初から参加しないと決まっている場合には、「こういうことをやります」「こういう意見が出ました」「こういうふうに決まりました」と状況を伝え、共有しながら進めていきます。

そして、根回しの際、気をつけたいのは伝え方です。「これでいいですか？」と聞く、許可や決裁を取る形にはしないこと。

そうではなく、「こういうふうに進めていこうと思います。何か気になる点があればアドバイスをお願いします」というふうに、あくまでこちらが主体であることを伝え、相手の意見を聞くようにします。意見をもらったら、「ありがとうございます。参考にさせていただきます」と感謝の気持ちを伝え、進捗《しんちょく》を報告しながら進めましょう。

ざっくりとしたスケジュールを決める

会議の初期の段階、もしくは会議の前にやることの一つは、会議を長期の目線で捉え、いつ、どんな会議を開くかの「スケジュールを決めておく」こと。

そして、決めたスケジュールをメンバーと共有し、みんなが理解した状態を作っておくことが大切です。特に一つのプロジェクトをゴールまでもっていくためには欠かせません。

例えば、私自身が関わっている香川県の「かがわの里海づくり」の取り組みの中では、里海づくりを効果的に学ぶ「教材作り」の企画会議も進んでいます。教材作りは、約一年かけて進めるプロジェクトですから、まず最初に確認したのは、完成に向けた大まかなスケジュールです。

まず、教材を完成させるまでに実施すべきことは何かをリストアップしてみました。ある程度教材が形になったら、試験的に使ってみる「体験会」を実施することも必要です し、そこで出た改善点を取り入れてブラッシュアップする時間も必要です。また、県の企画ですから、三月の期末までにどこまで進めるか、教材作りの予算を承認してもらうための予算会議のタイミングも考慮する必要がありました。こういった様々な条件を考慮し、スケジュールに落とし込むことで、やるべきことと締め切りが明確になります。

会議はメンバーそれぞれの進捗を共有する場であり、作業を忘れず進めるよう促すリマインダーの役割も果たします。もちろん、プロジェクトの進捗に合わせて随時スケジュール修正を行う必要はありますが、最初にある程度全体イメージをすり合わせることで、みんなの気持ちをゴールに向けて導いていきましょう。

情報収集をしておこう

あまりよく知らないテーマでの会議ファシリテーションを任されたら、まずはそのテーマについて、できるだけ様々な視点から情報を収集する必要があります。自分の中に知識や情報がなくノーアイデアということでは、参加メンバーから意見を引き出すための質問も用意できません。会議の準備としてまず取り組むのは、情報収集であり、そのための勉強です。

先程ご紹介した「かがわの里海づくり」の教材作りプロジェクトも、会議メンバーは教材作りについては私を含め全員素人。まったく情報がないままでは議論も進みませんから、まずは初回の会議前に「各自環境系の教材を調べてくること」という課題を出し、初回はみんなで調べた内容をもとに議論する場としました。実際に調べてみると、いろいろな教材があり、「こんなのもいいね」「これのやり方は取り入れたい」などその後の会議の方向性を決める、重要な意見交換の時間になりました。

そんなふうに、新規ビジネスを考えたり、アイデアを出すための会議では、アイデアの元をインプットする時間が大事になってきます。

考える材料をインプットするのは、ファシリテーターだけではなくメンバー全員。メンバーそれぞれが情報を調べ、インプットする時間を取るよう促すことが必要です。

会議の場はそれぞれが持ち寄った材料をもとに、みんなで考える時間。

ファシリテーターは、この「メンバーが各自で考える時間」と「みんなで考える時間」をどう割り振るかを考えなければなりません。

そのためにも、まずは個人的に情報収集をしておきましょう。

◎情報収集のやり方――まずはネットで検索しよう

ここでは、会議を回すうえでも、アイデアを引き出すためにも大事になってくる情報収集のやり方について、私がいつも実践している方法をお伝えしたいと思います。

調べたいこと、欲しい情報があるときにはまずはネットで検索してみましょう。ネット検索をすれば、ざっくりとした情報を簡単に得ることができるからです。後で紹介する各種メディアや現場からの情報を効率的に集めるためにも、上手に活用しましょう。

検索するコツは、検索ワードを掛け合わせること。「調べたいことの内容」をまず打ち込み、スペースを空け「条件」と打ち込んでみましょう。

例えば、職場改善について話し合うのなら「職場改善　条件」と検索してみます。「売れる商品」について考えるのなら「売れる商品　条件」というふうに入力し検索スタート。「職場改善」あるいは「売れる商品」を定義する様々な情報が画面に出てくるでしょう。「条件」という言葉以外にも、「ポイント」「特徴」などの文言もおすすめ。これらの言葉を使って、キーワードの掛け算検索をやってみましょう。

画面に現れた情報をすべてチェックする必要はありません。「この情報はまとまっているな」「面白そうだ」「確かにそうだな」と思える項目を選んで、見ていけばいいのです。

また拠りどころとなる確かなデータが欲しいときには、関係省庁のサイトを検索したり、「○○　白書」、とか「○○　データ」という言葉で検索すると、いろいろなデータをチェックできます。

例えば商品開発や経済系のジャンルなら経済産業省、働き方については厚生労働省など、知りたいジャンルの関係省庁でデータを検索してみましょう。ＰＤＦファイルでダウンロードできる資料もたくさんありますから、印刷しておき、みんなに閲覧してもらえるよう会議の場に置いておく、という使い方もできます。

◎現場にどんどん出かけよう

情報には一次情報と二次情報の二種類あります。

二次情報とは今お伝えした、他の誰かが提供してくれる情報のこと。新聞や雑誌、テレビ、インターネットなどで簡単に手に入る情報です。

いっぽう一次情報は、本人が直接体験して獲得できる情報です。

物事について具体的に知りたいとき、「いったいどういうことだろう」と肌で感じてみたいときは、一次情報を自分から取りにいくに限ります。

例えば、ブックカフェをやろうという企画が持ち上がったとします。

真っ先にやるのは「どんなブックカフェがあるだろう」とネットで検索してみることです。

すると、いろいろと特徴のあるカフェがあることがわかります。「入場料を取る書店もあるらしいぞ」「電子書籍専門のブックカフェもあるらしい」

興味深いブックカフェの情報が集まったら、「じゃあ、実際に見てみよう」と出かけていきましょう。

一次情報はフィールドワークで手に入る、自分の五感を通して得る生きた情報です。体験を踏まえた情報があるのとないのとでは、アイデアへの思いや説得力が違ってきます。一次情報を得るプロセスは、面倒くさがらずに、ぜひ大事にしてほしいと思います。

◎本や雑誌を見てみよう

本や雑誌にはまとまった情報や考え方が体系的に網羅されており、物事の全体像を把握するために、とても役に立ちます。

アマゾンのランキングや各メディアの書評欄も参考になりますが、ぜひ書店にも出かけて、お店の中で情報収集してみましょう。

平積みになっている本をチェックしたり、ポップを見たり、みんなが手に取っている本を観察したり。書店には様々な情報が溢れていますから、関係の棚をチェックするだけでもいろんなことが見えてきます。本については一冊だけではなく、類書を何冊か読むと、知りたいことの全体像がほぼつかめます。

また、雑誌コーナーでは、どんな特集を組んでいるかに注目しましょう。雑誌はそれぞれターゲットにしている読者層や記事の特徴など、様々な特色があります。二十代が読者の雑誌は、若手ビジネスパーソンのニーズを知るのに役立ちますし、業界紙や専門誌など、ある特定の分野の記事が多く掲載されているものもあります。雑誌には旬の情報が入っているので、今の時代に合った情報をつかむことができます。もちろん、知りたいジャンルの雑誌のバックナンバーを図書館でチェックするのもおすすめです。

こうして一次情報や二次情報のインプットをして初めて、どのようなキーワードがあるのかがわかり、アイデアを引き出していくための「アイデアのもと」ができあがります。また、情報収集をして勉強しておくことで、新規ビジネスやアイデア出しの会議で意見を引き出し、成果を生み出す質問を考えることもできるのです。

「アイデアとは既存の要素の新しい組み合わせ以外の何ものでもない」と『アイデアのつくり方』（CCCメディアハウス）の著者であるジェームス・W・ヤングも言っています。「既存の要素」を自分とメンバーの中にインプットし、それを様々な角度から見直してみたり、他の要素と掛け算したりすることを促し、より良いアイデアを引き出していきましょう。

会議についてメンバーに告知する

会議の日が決まったら、参加メンバーに「日時」「場所」「会議のテーマ」「話し合う内容」などについて、会議の告知を行います。会議の招待状（インビテーション）のフォーマットが決まっている場合は、そちらを活用することになりますが、もしも必要な要素が抜けている場合は、例えば次のような文面で、社内チャットやメールで補足しておきましょう。

「『新商品開発に向けて』の一回目の会議を行います。

時間：9月1日（火）ＰＭ1時～3時

場所：第一会議室

参加メンバー：A課長、○○、○○、……（全一○名）

議題：既存商品○○の改善点について意見交換と新商品の方向性について

会議では既存商品○○の改善点を話し合い、今後どんな新商品を打ち出すべきかの意見交換を行います。

○○について気になっている点や課題など、現状の意見をある程度まとめてご参加ください。

既存商品○○の改善点を踏まえて、今後どんな新商品を検討すべきかの方向性を決めるところまでやれたらと思います。どうぞよろしくお願いいたします」

なお、全員参加の職場定例会議とかではなく、改めて人選をして開く会議の場合、参加メンバーに「会議参加をお願いする理由」を伝えておくことも必要でしょう。

みんな忙しい仕事の時間をやりくりして参加するわけですから、何のために自分がその会議に出るのかが納得できていないと、「出たってムダなのに」「勘弁してくれよ」と不満を抱えながらの参加になるかもしれません。「メンバーにどんなことを期待しているのか」「なぜこの会議に呼んだのか」という理由をきちんと伝えることで、メンバーの参加意識を高めておきましょう。

第5章

会議をうまくまとめる方法

会議は時間通りに始めよう

「うちの会議、いつも延びるんだよな……。このあとの予定を入れてないからよかったものの、それにしても時間がかかり過ぎだよ」
「時間通りに始まらないいし、部長は話し始めたら止まらないからな」

会議はともすれば、まとまりのない、時間ばかりが過ぎていくグダグダ会議になりがち。職場改善の議題に、しばしば「会議の改善」があがるのもうなずけます。
〝時間管理〟は会議を任されたファシリテーターにとっての重要課題であり、大事な役割です。では、ファシリテーターは会議を滞りなく進行させるために、どういう対策を取ればいいでしょうか?

まずやっておきたいのは、「始まる時間」と「終わる時間」をホワイトボードに明記しておくこと。「この時間内で話し合いをする」という意思を共有するということです。

ところが、会議が始まる時間になっても、やってこないメンバーもいます。「みんなが揃ってからのほうがいいし、あと五分ぐらい、待ってみようかな」と思いがちですが、それはNG。「それなら、私もあの仕事を終わらせてからくればよかった」と思う人は他にもいるはずだからです。

自分の仕事を会議の開始時間よりも優先するメンバーが増えると、「うちの会社の会議は定刻に始まらない」のが当たり前の文化になってしまいます。

そうならないためには、誰が遅れても時間通りに会議を始めるのをルールにすること。すると、みんなの中に「遅れるとマズイ」という意識が芽生え、「会議の開始時間を守る」という文化が、当たり前のこととして根付いていきます。

時間管理の基本は、あらかじめ告知していたスタートの時間を守ること。

たとえメンバーが揃っていなくても、時間になったら会議を始めましょう。

例えば、「まだキーマンが来ていない」場合でも、定刻になったら、やれるところから始めます。会議の議題や目的の確認、配布物の確認など、できることを探してスタートさせましょう。

また、遅れてきたメンバーに対しては、責めることなく、「お疲れさま」とスムーズに笑顔で迎え入れるようにします。うっかり遅れたという場合ばかりではなく、「別件で電話が入った」とか、「やりかけの仕事が終わらなくて」とか、様々な事情もあるでしょうし、遅刻を責めて空気を重たくしてしまうことのほうが、その場の話しやすさを損なうことにつながるからです。

遅刻の理由を説明してもらったほうがいい場合は手短に確認したうえで、これまで話し合われたことの要点を必要に応じて伝えましょう（時間管理対策については、この後の177ページでもご紹介しています。ぜひ参考にしてください）。

みんなの気持ちが揃う会議の始め方

さて、いよいよ会議の開始時刻です。

この時点では、ホワイトボードに次の四点がきっちり書かれているか、確認しておきましょう。

①会議のタイトル、目的
②日時（開始・終了時刻を明記）
③会議のゴール
④話し合う議題

会議を始めるときには、この四つの項目が参加メンバーに明確に伝わるように、「見える化」されていることが大事です。

◎まずは双方向の挨拶から

参加者がみんな揃いました。ここできちんとやっておきたいのは、気分にメリハリをつけるための双方向の挨拶です。

「今から会議を始めます。よろしくお願いします」と挨拶をしたら、メンバーからも「よろしくお願いします」という挨拶が返ってくるのを待ちましょう。小さなことですが、メンバーみんなに最初に声を出してもらうことで、この後の対話をスムーズにつなげることができますし、ダラダラと雑談が始まるのを防ぐことにもなります。

◎会議の目的とゴールを告知しよう

最初に話すのは、この会議の目的とゴールと決め方です。

事前に告知してあっても、もう一度確認しましょう。

「今日は○○について話し合います。○時に終わる予定ですが、○○が決まるところまで行きたいと思っています。それから、こういうやり方で決めたいと思います」

と伝えます（決め方については129ページ参照）。

さらに「今日の議論は○○のプロセスを経て承認されます。それを踏まえたうえで、議論していきましょう」

と伝え、事前に用意した資料があるなら配布します。

初めにしっかりとメンバーと意識共有することで、会議がスムーズに進みます。何となく話し始めるのではなく、共有すべきことを意識しながら進めましょう。

どういう前提のもとで話し合うのかを伝えよう

話し合いを広げていくコツは、「この話し合いは、いったいどういう前提で行われているのか」というのを、きちんと意識共有しておくことです。

「意識共有」するとは、どういうことかというと……。

例えば、あるアイデア出し会議で、「人気の出るテレビ番組のアイデア」というテーマが設定されたとします。

「家族で観たくなる番組ってどんな番組かな」

「お金を払ってでも観たい番組って？」

「過去にはまった番組は？」

など質問を出し合い、話し合いを進めている中で、

「これだけ無料の動画配信が増えたら、そもそもテレビ要らないんじゃない？」

という発言が出たとしましょう。


まさにちゃぶ台返し的な発言ですが、ある意味、現実的な意見でもあります。ただ、このノリに流されて、「そうだよね。テレビの未来はちょっと暗いよね」なんて話が出てきて盛り上がってしまっては、会議の趣旨と大きくズレていってしまいます。

こういった、当たり前に浮かぶ現実的な話や、「そもそも論」に流されて議論を脱線させないためには、最初に議論の前提を共有しておくことが重要です。

この場合で言えば、「多くの無料動画配信サービスが増えていること」「テレビ離れが進

んでいること」など、ある程度みんながわかっていることは最初に共有しておきます。そのうえで、「そんな中ではあるが、改めてテレビの可能性を追求したい」「これからのテレビが果たす役割を考えたい」といった議題の背景にある想いや、議論すべき理由を共有し、メンバーみんなが考える前提条件を揃えておくことが必要なのです。

こういった意識共有は、議論が脱線し始めてから慌てて行うのではなく、会議前にある程度どんな意見が出るかを想定し、「そこを踏まえたうえで、今日は前向きな議論をする」ことを会議の最初に説明することが大切です。

それでも、「テレビ観ない人、増えてるよね」「無料動画のほうが発展する」など、議題とはズレた意見が出てきたときには、脱線スペースの出番です。「今日はその話はおいておいて議論してください」など、いちいち反論していては、議論が長引くばかりですから、出てきた意見はいったんホワイトボードに書くことで受け止めます。

ホワイトボードの端に脱線発言用メモスペースを用意しておき、そのスペースに書き込みます。書き込んだら、「そんな中でも必要とされるテレビ番組について、他に何かご意見はありませんか？」と振っていきましょう。意見がズレたときに議論に戻す、効果的なやり方です。

会議は手段であって目的ではない

「会議では『こうしよう、ああしよう』という話で盛り上がるんだけど、それで終わりなんだよね」

「参加者全員で意見を出し合って決めたはずなんだけどなぁ……」

会議でいくら盛り上がったとしても、決まったことが実行されないようでは、残念ながら意味ある時間だったとは言えません。会議はあくまで手段です。会議の先にあるもの、「成果」をどう作り出していくかが重要だということを忘れてはいけません。

誤解を恐れずに言ってしまえば、ビジネスの現場さえうまくいくならば、会議は粛々と進み、淡々としたまま終わるのでも一向にかまわないのです。

その粛々として淡々とした会議の最たるものが、私が新卒で採用されて入った建材屋さん時代に参加した、工事現場での会議でした。

そこでは「朝礼」「昼礼」「夕礼」と、毎日会議があります。

朝礼で集まって、様々な業者が「本日の作業予定」について共有します。そのあと、個別に打ち合わせをして作業を回していきます。

昼礼では、進捗状況の確認。

夕礼では「今日はここまで作業が進みました、明日はこういう作業をする予定です」という進捗の報告をします。

もちろん、まったく盛り上がりませんし、参加している人たちは、必要な情報を淡々と共有しているだけの会議です。しかし、やるべきことが決まり、きちんとやり取りがされ、それをリーダーである現場の責任者が把握している。こうして現場は確実に回っています。現場をうまく回すことが目的ですから、それで十分。しかも、一カ所に集まって話すことで、どんな人がその仕事をしているのかを知る機会にもなっています。

大事なのは会議という場を使って、仕事をどう進めていくか。いろいろある問題をどう解決していくか。そして、どのような結果を出していくかです。

ファシリテーションは一歩間違うと〝ワイワイ盛り上がる楽しい会議を〟となりがちですが、目指す会議の形は必ずしもそこではないことを確認しておきましょう。

全員が納得できる答えなんてない（どう合意形成するのか？）

「全員一致で納得できる答えって、どうやったら出せるのでしょうか？」

という質問をよくいただきます。

例えば、AとBというまったく相反する意見を持ち寄ったメンバーが議論をしているとします。

議論を重ねるうちに、「なるほど、自分たちは間違っていた。あなたの意見が正しかった」と言って、全員が片方の意見に賛成する。
もしくは、話し合った結果、何か素晴らしい代替案が出てきて、「そうか、そういう方法がいいね！」と全員がその考えに納得して賛成する。

全員一致の答えが出る、という状況を具体的に考えてみると、こんな感じでしょうか。残念ながら、こんなふうにまとまることはほとんどありません。

メンバーの意見が最初からある程度揃っている場合や、会議の時間をいくら使ってもいい、どれだけ長い期間をかけてもいい、というのであれば可能性はありますが、短い時間で効率的に行う会議の中で「全員一致の納得する答え」を目指そうとするのはやめましょう。特に、メンバー間で意見が対立している場合ならなおさらです。

では、どんな状態を目指すべきでしょうか。目指したいのは、「議論のプロセスへの納得」と、「出た結論への合意形成」。そのためには、全員が「言いたいことは言えている状態」を作ることが大切です。

例えば「Aという商品とBという商品のどちらを売り出すか」という会議で、議論を重ねてAに決まったとしましょう。Bを推した人たちの中には、「本当はBのほうがいいのに……」という思いをもったままの人もきっといるはずです。そんな状況でも合意に至るには、「Bを推す理由は何か」「Aに対して感じている不安や不満などの懸念は何か」といった言い分を言える時間が必要です。

Bを推した人たちの言い分を、Aを推した人たちもわかっている。全員が最終的に決まったAの良い点と懸念点を共有し、懸念点についても議論ができている。そんな状況を目指すのが、現実的な「合意形成」ではないでしょうか。

全員一致の答えを目指すのではなく、全員が言い分を言える、気になることは共有できる、そのうえで結論が出せる会議を目指してほしいと思います。

意見が出ない、発言がない！　四つの理由

「このテーマについて何かご意見はありませんか？」

というファシリテーターからの問いかけに、やけに静かな会議室。みんな押し黙ったまま誰も言葉を発しません。

その沈黙の重さは、ずしりとファシリテーターの肩にのしかかります。「どうして誰も発言しないんだろう……」と心の中であせっても、解決にはなりません。

ここからは、「意見が出ない、発言がない」理由を四つに整理し、どう仕切れば、メンバーの意見を引き出すことができるかについてお伝えします。

1　どんな意見を求められているのかがわからない

「このテーマについてどう思いますか？」

この問いかけは、メンバー誰でも何でも言える、とても自由度の高い質問です。だからこそ、求められている意見のイメージがつかめないと、どう答えていいのか戸惑ってしまう質問でもあります。

会議の冒頭で、今日の会議の目的とゴールをちゃんと告知したうえで、「今日のテーマは○○で、こういうことを決めたいと思っています。まず○○の点について意見をお願いできますか？」と、丁寧に、相手に主旨が伝わるような説明で意見を促しましょう。

また、質問の内容が抽象的すぎて、どう答えていいかわからないという場合もあります。

例えば、職場改善について質問するとして、「どこをどう改善したらいいと思いますか？」では、「どこをどうと言われても……」と首をひねることになりそうです。

もっと具体的に、「例えば職場環境について、何とかならないかな、と思っているところはありますか？」と質問を絞り込むと、考えるヒントとなり、答えやすくなります。

他にも、「例えば○○のような意見もありますが、どうでしょうか？」「この商品について、『○○の使い勝手がいまいち』など、気になる点があればお聞きしたいのですが」というように、「例えばこんなこと」という簡単な発言例を示して、意見の呼び水とする方法もおすすめです。発言例を示す場合は、長く話しすぎないように、コンパクトにまとめて話すようにしましょう。

2 自分の立場で発言していいものかと周りをおもんぱかる

「担当者がいるのに、自分が意見を言っていいものだろうか」

「先輩をさしおいて意見を言ったら、あとで気まずいぞ」


「会議の場では立場にとらわれなくていい」

「肩書きは意識しない」

と会議のルールを決めていても、周りをおもんぱかって発言しないことも実際多いようです。こういう場合は、そこを察して、こちらから指名するという方法もあります。

「○○さん、若手の立場として、どうでしょうか？」

「○○さん、担当者もここにいらっしゃいますが、別部門の意見を聞かせてください」

と振られれば、「それでは」と発言しやすくなります。

また、例えば、製造部と営業部の会議など他部門が参加する場では、「立場上、言いづらいだろうな」と察しがつく場面があるものです。そのようなときも、「製造部としては言いづらいかもしれませんが、こういうことってないですか？」と、発言の呼び水になるよう、相手を代弁する形で質問するという手もあります。

ファシリテーターの質問に対する答えとしてなら、言い出しにくいことでも言える場合があるのです。「聞かれたから言いますけど、そういうこともたしかにありますね」と返答があれば、「もう少し詳しく聞かせてもらっていいですか？」と意見を引き出していきましょう。

3 言ったが最後、やらされる

評価できるいい意見であればあるほど、「いいね。じゃあ○○さん、担当よろしく！」と即、担当にさせられるケース。これもよくあるパターンです。

意見を言ったらやらされる、そんな「言ったもん負け」の会議を過去に体験したメンバーは、「ヤバイヤバイ。意見を言ったが最後、やらされる」と考えがち。だからこそ、「〝アイデア出し〟と〝担当決め〟は別」という会議のルールを最初に提示しましょう。「アイデア出し」でいろいろな意見が集まり、実際にやるべきことが決まったら、発言したメンバーも含めた全員で「担当決め」を行います。

そこの線引きをはっきりしておけば、せっかくの意見が引っ込んでしまうという残念なことも回避できます。

4 ノーアイデアでそもそも意見がない

会議のテーマについての知識や情報が自分の中にないため、言うべき意見が思い浮かばないパターンです。

こういう場合、あらかじめテーマに関する情報や知識を参加メンバーに提供し、インプットしてもらう時間をどこかで設定することも大事でしょう。もしくは、各自でテーマについての調査を行うことを事前の準備として依頼しておくことも有効です。その場合は、メンバーが調べた内容を共有する時間を取ることも、あわせて周知しておきましょう。

会議の冒頭で資料を配布する場合は、丁寧な説明をして参加メンバーと情報や知識を共有してから、会議をスタートさせましょう。

効果的に発言者を指名する五つの方法

自然とどんどん意見が出る、そんな雰囲気になればシメたものですが、そうなるまでには、こちらから指名するなど、ファシリテーターが積極的に働きかけていくことも大事です。ここでは発言者を指名する五つの方法をご紹介します。

1　会議の前に発言するよう頼んでおこう

「何か意見はありませんか?」と問われて、最初に口火を切るのは勇気がいるものです。だからこそ、あらかじめ適切と思える発言者を選び、「こういう内容でやるから、発言してね」と頼んでおく手も場合によっては有効です。

頼まれれば、そのつもりで会議に参加しますから、会議の内容への関心が増すことにもつながります。また、一つ意見が出ることで、他の人も話しやすくなります。

ただ、依頼する相手を選ぶときには、会議のキーマン以外のメンバーから選びましょう。あまりポジションの高い人や、影響力の大きい人を選んでしまうと、後の意見が言いにくくなる場合もあります。話しやすい場を作るための呼び水として、ちょっとした意見を言ってもらうくらいのイメージで人選してみましょう。

2 全員にひと言ずつ発言してもらうやり方

全員が発言する機会を作るのも良い方法です。ただ、よりスムーズに発言を引き出すために、いくつか押さえておいてほしいポイントがあります。

まず大切なのは、「後で全員にご意見をいただきますね」と予告しておくこと。

例えば何か説明をして、それについて意見をもらいたい場合は、説明の前に「今から調べたことをお話ししたいと思います。後で感想や疑問点なども含めて、ご意見をお一人ずついただきたいと思います。よろしくお願いします」というふうに予告しておきます。そうすることで、参加者に自分の意見を準備する心構えをもってもらいましょう。

説明が終わったら、みんなの意見を聞いていきますが、よくあるのが、「前の人と同じです」「みなさんと同じです」という発言が続くという状況。これでは物足りないなと思うなら、こんなふうに声掛けをしてみましょう。

「なるほど、同じというところを、もう少し具体的にお話しいただいていいですか?」

「よかったら、ぜひご自分の言葉で聞かせてください」

そんなふうに促してみると、決して「みんなと同じ」ではない、その人独自の意見が出てくることも多いのです。会議メンバーによっては少し勇気がいる声掛けかもしれませんが、ぜひ挑戦してみてほしいと思います。

また、会議の人数が多い場合は全員が順に発言していくと、その分時間がかかります。一〇人参加の会議で、全員が一分間話すと十分間必要ですから、その時間も考慮して、時間を確保しておく必要があります。そんなに長くは取れないなら、一人ひとりの発言を短くするよう促すか、もしくは二人一組など、近くの人同士で意見を話す時間を作り、その後一組ずつ、どんな意見が出てきたかを話してもらう方法もあります。

会議の人数や時間に合わせて、柔軟に進めていきましょう。

3 担当者や発言者に「次に意見を聞きたい人」を指名してもらう

会議では、いつも率先して良い意見を発言してくれるメンバーがいるものです。しかし、ややもするとそのメンバーの意見に押されて、他の人が受身のままというのもありがちなことです。

違う人にも発言してもらいたいという場合、例えばこのメンバーが発言したあとに、「○○さん、次はどなたの意見が聞きたいですか?」と発言する人を指名してもらう方法もあります。

あるいは、話し合っているテーマの担当者がその場にいるなら、「どなたの意見を聞きましょうか?」と振ってみましょう。指名を促すことで会議進行により深く関わってもらえるようにもなりますし、いろいろな人の意見が出るキッカケにもなります。

発言者が特定の人に偏って、他の参加者が受身にならないよう、うまく発言を引き出しましょう。

4　まだ発言していない人を指名する

会議が進んでも、何も発言していない参加者がいます。そういう場合は、「今日は〇〇さんのお声を聞いていないので、ぜひここでご意見をください」というフレーズで、指名して発言を促しましょう。

自分から進んで発言をしない人の中には、慎重な性格の人もいます。そういう人ほど、指名をされて話し始めると、しっかりした意見を言ってくれるものです。

また、このファシリテーターが仕切る会議では、必ず発言を求められるから、気を抜かずに参加しないといけない、と思ってもらえる効果も生まれます。

そのためにも、よく発言している人、発言していない人など、会議メンバーの様子をしっかり観察しておきましょう。

5　考える時間を挟んで指名する

参加メンバーから意見を引き出すために、考える時間を挟むという方法があります。

「この件について考える時間を三分ほど取りますので、そのあと、ぜひご意見をお願いします」

「休憩も兼ねて、ご意見を整理する時間を取ります。休憩後、また伺いますね」

などと伝え、メンバーが考える時間を作りましょう。

メンバーが考えているときに、質問者が「こういう意見もあるかも」「こういう場合も考えられます」などしゃべり続けていては、集中して考える邪魔になりますから、考える時間の間は、静かにその場を見守ります。


考える時間が過ぎたら、再度意見を聞きます。もし意見が出なければ、「○○さん、どうでしょう？」と指名して、最初の発言を促して、言いやすい空気を作ることも大切です。

「意見を言いたい」人を見逃さないコツ

会議の司会をしていると、「あの人、何か言いたそうにしている」とピンとくることがあります。

「今まで下向いてあくびとかしていたのに、若手が発言したら、突然身を乗り出して聞き始めた。何か言いたいことがありそう」

「係長が急に資料を手に取って、真剣に見始めたぞ。何か意見があるんじゃないかな」

そう感じたら、「○○さん、もし、ご意見があればぜひお願いします」と指名して意見を促してみましょう。

もしかしたら「今の発言についてだけど」「資料によるとこうだけど」と踏み込んだ内容の発言をしてくれるかもしれません。

メンバーを観察していると、その態度や表情からいかにも言いたそうなサインが読み取れることがあります。そのサインを敏感にキャッチして、意見がないか、聞いてみてください。

・発言者の意見を聞きながら、何だか不服そうに小さなため息

そういう人がいたら、反対意見があるのかもしれません。

・落ち着きがなく、周りをチラチラ見ている人

その態度は、何か言いたいことがありそうです。

意見が出ない、発言がないと嘆く前に、意見がある人が出しているサインを見逃さないよう、「誰が話したそうにしているかな」という意識で、メンバーを観察しましょう。

時計やタイマーを使って時間管理

意見を引き出す工夫を重ねることで、真摯《しんし》な議論が交わされ、会議も段々盛り上がってきました。こうなってくると、気になるのはもう一つの重要課題、時間管理です。

「議題はいくつもあるのに、一つのテーマで議論が盛り上がり、時間切れになってしまった。どうしたらいいでしょう？」というのもよく質問される悩みです。

時間管理のためにチェックしておきたいのは次の二つ。

• いくつか議題がある場合は、優先順位をつけておくこと。
• その日の会議の時間割を、メンバーにざっくりと伝えること。

そのうえで、さらにおすすめしたいのは、タイマーを使う方法です。

メンバーに向かって、「最近、会議の効率化が盛んに言われているので、今日はタイマーを持ってきました」などとお知らせしておき、「では、この議題についての議論を二十分やりましょう」などと言って、二十分タイマーをかけるのです。

刻々時間が減っていくのが見えるタイマーは、けっこう効き目があります（私の場合はｉＰａｄのタイマーを使い、それをメンバーが見える場所に置くようにしています。画面いっぱいに時計が映し出されるので、遠くからでもよく見えます）。

特に話が長い上司に「時間がかかりすぎです」とはなかなか言いにくいもの。

タイマーは役職に関係なく時間がくれば鳴りますから、自分の話が長くなっていることに、発言者自身が気づいてくれるという効果もあります。

タイマーは、会議の時間を有効に使えるお助けアイテム。

もし会議を回しながらタイマーをかけるのは大変だという場合は、タイムキーパーの役割を誰かにお願いしておく方法もあります。

会議の途中で終了時刻がきたらどうする？

「議論が盛り上がっている真っ最中なのに、会議終了の予定時刻がきてしまった……！」

さて、あなたがファシリテーターだとしたら、どうしますか？

「終了時刻を明言したのだから、それまでに絶対終わらせないと」とあせる以外にできることはたくさんあります。

もし会議室をそのまま使うことができて、メンバーに次の予定が入っておらず、延ばそうと思えば延ばせるのであれば、「そろそろ時間ですが、今日は延長しても大丈夫ですか？」とメンバーに聞いてみましょう。「いいですよ」ということであれば、延長するのも選択肢の一つです。「延ばしてもいい」とみんなが思っているのであれば、「決めたことだから」と、時間設定にこだわりすぎる必要はないのです。

もし延長が難しければ、残る議題をどうするかをその場で相談して、別の会議の日程調整をしたり、メールでやり取りするなど会議以外で進める方法を検討したり、どうするかをみんなで決めて終わりましょう。

「このテーマやメンバーだと、このくらいの時間がかかる」ということがわかったら、次の会議は時間をもう少し多めに見積もればいいのです。もちろん、議題の数を減らすことも一案です。

「今回こうだったからダメ」というのではなく、「今回こうだったから、次はこうしよう」と発想を切り替えて、時間の見積もり力を上げていきましょう。

◎途中で終わる場合はメモや付箋を保存しておこう

先程少し触れたように、議論の途中なのに会議の終了時間がきてしまったら、「もう一回、別の日に会議の時間を設けて続きをやる」方法もあります。

もともと長引きそうな議題なら、最初から二回の予定を組んでおいてもいいでしょう。

もし、会議の続きを行う可能性があるなら、終わったら消してしまわないといけない再現性の低いホワイトボードではなく、模造紙や、イーゼルパッドと呼ばれる壁に貼って折りたためるタイプのホワイトボードを使うことをおすすめします。

どちらもたたんで保管することができるので、次の会議でまた広げれば、終わったところから会議を続行できます。

特にイーゼルパッドは、付箋を使っての話し合いの場合、付箋がパラパラ落ちたりせず、パタンと閉じて保管できるメリットがあり、とても便利なツールです。議論を重ねながら進めるプロジェクト会議などの場合は、特におすすめです。

会議が一触即発の険悪なムードになったらどう対処する？

会議には様々な悩みがつきものです。

例えば、こんなシーンを考えてみましょう。

A社では、これからの働き方を考える職場改善会議が開かれました。

「やっぱり有給休暇はちゃんと取りたいし、残業時間も多すぎると思います。残業はしないという方向で、仕事のやり方を変えたほうがいいと思います」と若手の社員が発言したところ、ベテランのBさんから、ため息混じりのコメントが入りました。

「……昨今の流れからそういう意見が出るのもわかるけど、大体若い頃には少しくらい無理することも大事じゃないか？　まだまだ成果も出せないのに、権利ばかり主張するのは考えものだと思うよ」

とたんに会議の場に緊張が走ります。

ここでファシリテーターが、「昔は残業するのは当たり前だったかもしれません。でもそれは過去の話です。今は違います」と反論を始めると、相手も喧嘩腰になり、お互いの話を聞こうというムードではなくなってしまいます。

自分たちの若いときは、そんなことは言えなかった。若手は甘えているんじゃないのか、とさらにヒートアップしていく。こういう不毛な事態は避けなければなりません。

◎反論しすぎず、整理する

ここで感情のぶつけ合いになるのを避けるためには「反論しすぎない」ことが大事です。

このケースであれば、まずはBさんの意見も中立的に扱うことが大切。そのためにも、ホワイトボードに「その他の意見」を書く脱線スペースをあらかじめ設けておきましょう。そして、ここにBさんの意見を書き留めておきます。

「なるほど、そういうご意見もありますよね」と、まずは聞き手として対応します。そして、「Bさんのご意見は『時には無理をすべきときもある』『権利を主張しすぎ?』ということでしょうか」と確認しながらホワイトボードに書き込んでいきましょう。

これだけで、ちゃんと対応してくれたという気持ちが相手に残ります。

そして、ある程度議論が落ち着いたら、みんなの意見を踏まえて、

「いろんな意見をありがとうございます。みんなが成長し成果を出せる会社、そして残業が少ない、有給休暇も取りやすい会社になるために、これからの働き方を考えていく、という方向で進めたいと思います。みなさん、よろしくお願いします」

というように、会議の方向性に合わせてまとめていきましょう。

結果へのこだわり度で変わる議論のもっていき方

「自分がもっていきたい方向に、議論をもっていけないのですが……」と質問されることもよくあります。

基本的なファシリテーターのスタンスは中立とはいえ、プロジェクトリーダーとファシリテーターを兼ねるケースも多いため、こういう悩みも出てくるようです。

この場合、もっていきたい方向への「こだわり」がどの程度かで、話が違ってきます。こだわり度を数値にしたときに一〇〇%なのか、八〇%なのか、あるいは六〇%ぐらいか、まったくこだわりのない〇《ゼロ》%かで、議論のもっていき方が変わってくるのです。

◎「このアイデアでいきたいけど、多少の修正は可能」こだわり度八〇%の場合

まず「これでいくと決めている。でも、みんなの意見しだいで、少しは変えてもいいかな」という約八〇%のこだわり度の場合は、「今回はこのアイデアでいこうと思っています。これについて、気になるところがあれば意見をください。場合によっては、細かい部分を修正していきたいと考えています」という形で会議の議論を始めます。

◎「このアイデアでいきたいけど、変更してもOK」こだわり度六〇%の場合

「これでいこうと思っているけれど、正直、ちょっと自信がないし、他の意見があれば変えてもいい」という、こだわり度が六〇%ぐらいの場合は、「こうしたいというアイデア

があるのですが、少し揉んでほしいのです。これをベースにしてもらってもいいし、他のアイデアになってしまっても構いません」というもっていき方をすることになります。

◎「アイデアはあるけど、まったくこだわりなし」こだわり度〇%の場合

「自分にもアイデアはあるけれど、まったくこだわっていないので、みんなの意見を聞いて決めたい」という「こだわり度は〇%」の場合は、自分のアイデアは出さないか、出すとしても「一つのアイデア」として、紛れ込ませるやり方をおすすめします。

特にポジションの高い人がアイデアを出すと、それが強い意見になってしまいます。例えば期待するアイデアのイメージを共有するための「例」として出すなど、斬新なアイデアを求めるなら、自分のアイデアをどう紛れ込ませていくかが大事になります。

◎「このアイデアでいくと決めている」こだわり度一〇〇%の場合

さて、「こだわり度一〇〇%」というのは、要するに、すでにこれでいくと決まっているということです。そのアイデアでいくのかいかないのか、やるかやらないかについて、他のメンバーが意見を挟む余地がない状態です。

よくやってしまいがちなのは、リーダーが出したい答えをメンバーに言わせようとする「誘導会議」。メンバーからすれば、「結局、こう言わせたいんでしょ?」「この方向にもっていきたいんだったら、最初からそう言えばいいのに……」とシラケたムードになりがちな会議です。

こういった、「こだわり度一〇〇%」の場合は、アイデアの意義をメンバーたちが理解し、納得してもらうことを会議のゴールとして設定しましょう。

例えば、次のような進め方がおすすめです。

1 進めたい方向性を共有する
2 その内容について多面的に議論する
3 どう進めたらよりうまくいくかを議論する

1　進めたい方向性を共有する

できるだけわかりやすく、進めたい方向性について説明します。そう決めた背景や理由、メンバーに求めることや懸念点など、資料も交えながら具体的に伝えましょう。

2　その内容について多面的に議論する

方向性を聞いて、メンバーが感じたことを共有します。「気になること」「不安に思うこと」「リスクだと思うこと」など、ネガティブな意見はもちろん引き出しておきたいところですが、こればかりを聞いていては、どんどん否定的な気分になってしまいます。ポジティブな意見も同時に引き出すように進行しましょう。

例えば、「うまくいったらどんないいことがありそうか」「実施する意義や効果」「期待できる成果」などが考えられます。

また、こういった議論のメモを取るときは、55ページでご紹介した「Tチャート」の活用がおすすめです。

まず、Tの字のヨコ線の上の部分に「〇〇について」など、その場のテーマをタイトルにして書きます。右側は「気がかり・不安」というネガティブな意見を書くスペース。左側は「意義」というポジティブな意見を書くスペースにします。

このように意見を「見える化」しておけば、みんなの意識も、この二点に集中します。出てきた意見を整理しながら書いていけば、参加メンバーの視点もしだいに広がっていき、いろいろな角度から考えた意見が引き出せるのです。

3 どう進めたらよりうまくいくかを議論する

ネガティブ・ポジティブ両面のメンバーの意見がある程度出揃ったら、ここからは具体的にどう進めていくかを議論します。出てきた「気がかり」をどう解消するか、「成果」をどう実現させていくかは、チームみんなで考えるべき内容ですから、何でも言いやすい雰囲気になるよう、しっかり聞く態度を意識します。みんなでアイデアを出しながら、具体的なアクションプランに落とし込んでいきましょう。

役割分担の決め方、割り振り方　三つのポイント

さて、実のある議論も交わされ「今後どうしていくか」ということも決まりました。会議でやるべきことが決まったら、次にやるのは具体的な役割分担の作業です。プロジェクトを動かしていくには、いろいろな仕事を確実に実行することが重要ですから、誰が担当するのかは、ぜひここで決めておきたいところです。

しかし、スムーズに担当者が決まる会議ばかりではありません。

ここでは、誰もが納得できる役割分担の決め方についてお伝えしたいと思います。

◎「やりたい人？」と聞いても手が挙がらない理由

担当決めの際、「やりたい人？」と聞くのは、あまりいいやり方ではありません。自分から申し出て引き受けてくれるのが理想ですが、すでに抱えている仕事で忙しいメンバーもいますから、なかなか積極的に手は挙がらないものです。

「やりたい人？」と聞いて手が挙がらない理由を整理すると、例えば次のようなことが考えられます。

「自分には絶対ムリ」「やりたくない」

時間的、能力的、もしくは苦手領域だから、などやりたくないと思う理由はいろいろあるでしょう。単に、「面倒くさい」「できるだけ楽をしたい」と思っているメンバーも残念ながらいますから、そういう人をどう巻き込むかも知恵の絞りどころです。

「できるけど、やりたいかと言われると、やりたいわけではない」「頼まれたらやってもいいけど……」

自分から積極的にやります！とは言いたくない人も多くいます。やりたくないわけではありませんから、こういうメンバーのやる気をどう引き出すかもポイントです。

その他、「誰か他に手伝ってくれるならやってもいい」人や、「やりたいけど、ここで手を挙げると張り切ってると思われちゃう……」など、他の人の目を気にしている場合もあります。

手が挙がらない理由は様々ですから、できる対応も様々です。ここでは、比較的どんな場合にも有効な対策を三つご紹介します。

①やるべき仕事を明確にする

担当決めがスムーズに進まない大きな理由は、やるべき仕事が明確になっていないこと。担当になると、どのくらいの作業が発生するのか、また、いつまでにどんなことをやらなければいけないか、などのスケジュールが具体的にイメージできない状態では、なかなか「やります」とは言えません。

「何をしないといけないのか」「どのくらいのクオリティが求められているのか」「納期はいつなのか」など担当決めの前にある程度整理しておきましょう。

仕事内容の整理も含めて担当者が考えるのであれば、そのように伝えてから担当決めに入ります。

②「やりたい」ことではなく「やってもいいと思える」ことを聞く

ある程度仕事内容や役割が明確になったら、どれをやりたいかを聞くのではなく、「どれならやれるか」を聞くのも有効な対応です。特に、自分から「やりたい」とは言えないけれど、「やってもいい」と思っているメンバーにとっては、こちらの聞き方のほうが引き受けやすい声掛けになります。

③決め手は「役割&担当者」の表組み

また、全員に何かしら仕事を割り振るという方法もあります。その場合におすすめしたいのは「どんな仕事があるのか」という役割を表にして、みんなで埋めていくやり方です。

担当者の覧は空欄にしておき、メンバー自身に自分の名前を書き入れてもらいます。付箋に名前を書いて、やってもいいと思える仕事の欄に複数選択で貼り付けてもらい、全体のバランスを見て決める、というやり方もあります。

役割に「メイン」と「サブ」の欄を作っておくと、「メインでやるのは無理でも、サブなら」と選択肢が増えるので選びやすくなります。

ホワイトボード、もしくは模造紙に書いた空欄のある表組みを、みんなに提示することで、「みんなで表を埋めよう」という雰囲気が生まれるのです。

会議のまとめと質疑応答

会議もいよいよ大詰めです。

伝えるべきことは伝え、決めるべきことも決まりました。しかし、ここで気を抜いてはいけません。会議の終わりには、きちんと「まとめ」の時間を取りましょう。

会議の最後に確認したいことは次の四つです。

①その日の決定事項
②次の会議の日時、会場、メンバー
③次回に話し合うこと
④次の会議までに各自がやっておくこと

会議の終わりには、もう一度会議で決まったことをざっと話して、メンバー全員に伝わっているかどうかを最終確認します。

次の会議に向けての準備や作業があるならば、「いつ」「誰が」「どこで」「何を」「どうするのか」（4W1H）を、しっかり確認しておきます。

進捗をどのような形でチェックするかも決めておきましょう。

例えば、「いつまでに作業が終わりそうか」「途中で個別にミーティングをもつべきか」「実施するならいつ行うか」と日程を調整しておくのです。

会社の定例会議が頻繁に行われるなら、そのタイミングで少し時間を取ってもらい、みんなで進捗を確認するという方法もあります。

また、プロジェクト会議などで、次回も継続して会議が開かれる場合は、全員が揃っているその場で、次の予定を決めてしまうのが賢いやり方。「スケジュールは後で連絡します」というのは、けっきょくのところ手間がかかり、効率的ではありません。

予定変更の可能性がある場合も、候補日の設定をしたり、仮日程を決めるところまでは進めておきましょう。

個別フォローと進捗確認は欠かせない！

会議では話し合うべきことが話され、やるべきことも決まりました。担当者も決まり、締め切りもちゃんと設定してあります。「なのに、どうして決まったことをやらない人が出るんでしょう……」という嘆きの声をよく耳にします。

いくら会議で決まったとしても実行されなければ、意味がありません。

会議で決まったことがきちんと実行されるようにするには、会議後のフォローや進捗確認も重要です。

◎進捗の確認はどうする？

会議でそれぞれのメンバーに割り振られた作業について、進捗を確認する方法は三つあります。

1　会社の朝礼など定例会議のときに進捗を確認

すでにある定例会議の場を活用して進捗を確認する方法です。「定例会議で毎回進捗を確認する」ことをメンバーで共有しておきましょう。場合によっては、定例会議終了後に、②の個別ミーティングの時間を確保しておくことも有効です。

2　個別にミーティングをして進捗を確認

それぞれのメンバーと個別に進捗を確認する方法を決めておきます。きっちり日時を決めておくやり方もありますし、何日頃に進捗を確認する、という大まかな日程だけ決めておいて、その時期になったらこちらから声をかけ、短いミーティングの時間を取る方法もあります。

それ以外にも、

- ランチをしながらのミーティング
- 立ったままのミーティング
- 相手のデスクのエリアで、近くの椅子を引き寄せてのミーティング
- 仕事先に出かけるときに同行しながらのミーティング

など、臨機応変にミーティングを設定し、話すべきことを話しましょう。

相手が何だか落ち着きがなく、集中を欠いているようなら、「いつもと違うようだけど、何か気になることある?」と問いかけるなど、相手のコンディションをおもんぱかることも大事です。

場合によっては、サポートに入る必要も出てくるかもしれません。

メンバーのモチベーションをどう維持していくかに目配りをしながら、作業の進捗を見守りましょう。

3 相手によって対応を変えて進捗を確認

どんな対応を取るのがいいかは、相手しだいです。

例えば、人から指図されるのが嫌いなタイプの人もいます。

そういうメンバーには、仕事の意義と目的をきちんと伝えたうえで、すべてを任せ、進捗については日時を決めておいて、自分から報告してもらうようにするといいでしょう。

アイデアは出すけれど、継続するのは苦手というタイプの人もいます。

その場合は、個別にミーティングをして相談にのったり、定期的にフォローをすることです。

このように、丸投げでお願いするのか、何度かフォローしたほうがいいのか、相手がどんなタイプかによって対応を変えたほうが物事はスムーズに進みます。

その際、参考にしていただきたいのは、57ページでご紹介した四つのソーシャルスタイル。

「個別にどう対応したらいいか」を考えるときに、大いに参考になります。

相手のタイプを見極めたうえで、「この人には、こういう対応のほうがよさそうだな」と作戦を立てましょう。

質疑応答の進め方

「質問はありませんか？」と聞いても誰も何も言わない。

この状況に安心して会議を終わらせてしまってはいけません。質問がないのではなく、「まだ内容を理解できていないから質問が出ないだけ」という場合が多いからです。

例えば、以前実施したあるイベント直前の会議についてご紹介しましょう。

搬入の仕方や細かい注意事項など、まずは主催者がまとめた資料を配布し、三十分程の時間をかけて説明しました。説明が終わったところで、「ここまでの内容について、何か質問はありませんか？」と聞いてみましたが、会場はシーンとしたままです。

通常であれば、ここで会議終了ですが、会議後に主催者への個別問い合わせがどんどん入り、対応に追われたり、当日トラブルが発生するようでは困ります。

本当に不明点がないのか、最終確認のために、疑問がないか隣同士で話してもらうことにしました。「お隣の方とお喋りしながら、気になることがないか確認してください」とお願いした数分後、再度「ご質問はありますか？」と投げかけてみると、次々に挙がるメンバーからの質問や確認の数々。

あのまま終わっていたら、もしかしたらイベント当日に、進行が滞ったり、トラブルが発生していたかもしれません。

伝える情報が盛りだくさんのとき、「何が疑問か」「理解できていないところはどこか」をメンバーがきちんと整理し質問するには、やはり考える時間が必要です。資料を見返したり、周りの人と話し合うことで確認したり、一人では気がつかなくても、誰かと話せば「そうだよね」と気づくこともあります。

伝えたことや、会議で決まったことが、メンバーにきちんと伝わっているかどうか、不明な点はないかを確認することが、現場の混乱を防ぐのです。

ファシリテーターが、一人で抱え込まない

いろいろ準備して会議に臨んだけれど、やっぱりうまくいかなかった……。そんな結末も往々にしてあるものです。

こんなとき、「会議をうまく回せなかった」「失敗した」と責任を感じ、「この先のことは自分で何とかしよう」と、全部抱え込む必要はありません。ファシリテーターの役割は「自分で何とかする」のではなく、「みんなで何とかする」というチーム活動を促進していくことです。

「とにかく自分が何とかしなければ」と抱え込んでしまった途端に、うまくいかなくなることがあるので注意しましょう。「できない自分はダメだ」「自分の仕切り方が悪かったから」と自分を責めたりしがちですが、そこで落ち込んでも、何もいい結果は生まれません。

今回はうまくいかなかったけれど、次の会議では○○を改善する。そう考えられるように、会議の進め方をメンバーと振り返ることも有効です。

- 自分で抱え込みすぎない
- 自分が「何とかしなくては」と思わない

〝みんなの力を引き出し、チームが目指す方向へのアクションを進める手助けをする〟のがファシリテーション。「みんなが考えやすい状態、動きやすい状態をどう作るか」が大切です。「うまくいかない」と悩む前に、どうすればできるかに考えを集中させましょう。

第6章

事例ストーリー

「もしも突然ファシリテーターに指名されたら」

「きみに任せるよ！」の一言で、突然ファシリテーターに！

従業員一〇〇名規模の中小企業P社では、ある日、社長のツルのひと声で「各部門で『職場改善会議』に取り組むべし」というお達しが出ました。

最近若手の離職が続いており、対策の一つとして「職場改善会議」に取り組むことになったのです。直近のゴールは「九月の全社会議で来期のアクションプランをプレゼンする」ことと決まりました。

そこで部課長会議の決定を持ち帰った企画部のA課長は、中堅メンバーF君を呼んで、「きみに任せるよ」と告げました。

「来週あたり会議を開いて。九月のプレゼンのほうもよろしくな」

さて、突然ファシリテーターに指名されたF君は、どのように実際の会議を進めていけばいいのでしょうか？

最後の章では、F君の視点で、実際の会議の準備からフォローまで事例を交えて説明していきます。

会議のメンバー

A課長（40歳）おまかせ・丸投げタイプ。あまりリーダーシップを発揮しない
B係長（35歳）否定的な発言多し。新しいことをやりたがらない
F君（30歳）中堅メンバー。ファシリテーターとプロジェクトリーダーを任される
同僚（30歳）愚痴を聞いてくれる仲良しだが、「言ってもムダだよ」とあきらめムード
後輩（25歳）職場に不満はあるものの、あきらめムード
後輩（25歳）〃

1 まずは現状把握から

この手の会議を設定した経験などなく、困ってしまったF君。以前研修を受けたことのある会議ファシリテーションの講師、T先生に相談しました。

「T先生、こういう会議って、いったい何から手をつけたらいいんですか？」

「なるほど……。大変だけど、いいチャンスをもらったね」とT先生はにこやかにうなずいて、こうアドバイスしてくれました。

T先生からのアドバイス

「会社の課題は、『若手の離職が続いている』こと、なんだよね。それへの対策ということであれば、まずやるべきことは現状把握。離職の実態はどうなのか、どのくらいの期間に、どんな人が離職しているのかなど、実際のデータを把握するために、情報収集してみることが必要だと思うよ」

「情報を収集する」か……、なるほどな。そこでF君は他の部署や、特に総務にいる同期に「離職率が高いって、どんな感じなの？」とヒアリングをしてみました。

入社何年目の人が辞めているのか、離職理由は何なのかなどをリサーチしてまとめました。

2　プロジェクトのゴールを設定する

「みんなにヒアリングして、離職の現状はまとめられました。たしかに、入社三年目までの若手の離職が多いみたいです。プロジェクトの目標を考えたんですが、やはり『離職率を下げる』でいいんでしょうか」

T先生からのアドバイス

「現状把握お疲れさま。次はプロジェクトの目標設定だけれど、『離職率を下げる』という後ろ向きな目標から一歩進んで、前向きなゴールを設定するのがおすすめ。そのほうがアイデアも湧きやすくなると思うよ」

アドバイスを受け、F君は「『この会社に入りたい』と思えるような会社にする」という長期目標を設定しました。

3 勉強だ!!

「しかしなぁ、職場改善と言われても、どんな話し合いをすればいいんだろう？」

F君が考えていると、T先生からこんなアドバイスがありました。

T先生からのアドバイス

「話し合うテーマについて、知識や情報をもっていない状態で議論をしても、良い意見は生まれないよ。みんなに議論してもらいたいテーマについて、いろいろな視点から調べ、情報収集し、ちゃんと理解してから取り組むことが大切。まずは勉強してみよう。

勉強といっても、いきなり難しいことに取り組む必要はないからね。

例えば、『職場改善　事例』『職場改善　離職』などのキーワードで、インターネットで検索してみて。出てきた情報を、全部見る必要はないけれど、いろんなメディアを参考に、みんなにも共有してもらいたいと思える情報を見つけるつもりでチェックしてみるのがおすすめかな。ネット上の情報を参考にするときは、出典や、データの調査方法などもチェックして、信憑《しんぴょう》性があるかどうか確認してね。

そのうえで、できれば書籍や雑誌など、専門家が書いた記事や資料を読んでみることもやってみて」

なるほど、と納得したF君は、ネットで検索したり、書籍や雑誌もチェックしながら、にわか勉強をスタートさせました。

T先生から『職場改善』についてのボキャブラリーを増やすこと」というアドバイスもあったので「メンタルヘルス」「効率アップ」「環境改善」「職場コミュニケーション」など、職場改善を語るときに頻繁に出てくる「用語」のチェックもしました。

「具体的な『用語』を知るだけで、漠然としていた『職場改善』という言葉もイメージしやすくなるな」とF君。

プロジェクトの目標である『この会社に入りたい』と思えるような会社にする」について も、「条件」「ポイント」「特徴」という言葉とかけ合わせて検索してみました。

するとどうやら、「法令遵守」「コミュニケーション」「情報共有」「福利厚生」「職場環境」といったカテゴリーがあることもわかりました。

A4の紙に情報を印刷して配付する

「法令遵守」
○○○○○○○○○○○○○○○○○○

「コミュニケーション」
○○○○○○○○○○○○○○○○○○

「情報共有」
○○○○○○○○○○○○○○○○○○

「福利厚生」
○○○○○○○○○○○○○○○○○○

「職場環境」
○○○○○○○○○○○○○○○○○○

T先生からのアドバイス

「例えば、今見ているページが情報として納得でき、まとまっていると思うなら、コピー&ペーストして、項目ごとに、後で書き込めるようにスペースを空けて、Ａ４の紙に印刷しておくといい。そして、資料&ディスカッションメモとして会議で配布するようにしてみて。
それから、検索している中で出てきた厚生労働省の調査報告書のPDFや、他社の取り組み事例なども印刷して、資料として会議の場に置いておくといいよ。関連したテーマの本や雑誌も参考資料として置いておこう」

「どうしてですか?」

「**データには説得力があるからだよ**」とT先生は言います。
「置いておけば、みんな手に取って読んだり、情報を共有することもできる。たとえみんなが読まなくても、自分の意見を主張するときの根拠として説明する助けになるでしょう。例えば『それは個人の感覚なんじゃないの?』と誰かが口にしたときにも、『ぼくの個人的な意見ではなく、**実際のデータを見てもそうなんです**』と反論する材料になるからね」

4　プレゼンのゴールも決めておこう

T先生からのアドバイス

「もう一つ、**プレゼンをすることによって、自分のチームや自分自身がどう思われたいのか？**ということもちゃんと考えておくといいよ。スゴイと思われたいのか、無難に収めたいのか。社内に対して自分の立ち位置をどう作りたいのか、など、仮のゴールでいいので考えてみて。どんな状態を目指すかで、やるべきことも変わってくるからね」

F君は「そうだな……」と考え込みました。

「ガッツリ取り組みたい気もするけど、みんなについてきてもらわないといけないしな……。理想としてはこうだなと思うことはあるけれど、今の会社の状況として、なかなか難しいかも」

「課長はどう考えてるの？」とT先生。

「そういえば、聞いてませんでした……。聞いてみます！」

「最終プレゼンでは、何か自部門として、ガツンと提言したほうがいいでしょうか。それとも『企画部としてはこういうアクションプランでいきます』ぐらいの感じでいいんでしょうか？」と勢い込んで聞いたF君。

……しかしながらA課長からの返答は、「まあ、きみの思うようにやってみたらいいよ」というものでした。

5 みんなにも聞いてみよう

A課長からのある意味予想通りな「丸投げ返答」を聞いてガッカリしたF君。「みんなはどう思ってるか聞いてみよう」と思い立ちました。T先生にもアイデアを伝えると、「いいね！　ただ、会議の場で聞くと硬くなるから、普段のおしゃべりの中で気楽に聞くといいよ。まずはテーマである『職場改善』についてどう思ってるかを聞いてみるといいかもね」と会議前に事前調査するようアドバイスされました。

早速、事前調査スタートです。できるだけ軽い感じで、「今回の職場改善プロジェクト、任されちゃって悩んでるんだけど……。○○さんはどう思ってるか参考に聞かせて?」と聞いてみました。

案の定、すぐ出てきたのは会社への文句や現状への不満です。少し滅入りそうになりましたが、これも意見としっかりと耳を傾けたのが良かったのか、前向きな意見をくれるメンバーもいました。メモを取り、「ありがとう。会議でもよろしく!」と終了。聞いてみたおかげで、みんながどういうことを考えているのか、把握ができました。

6 いよいよ会議スタート

さて、いよいよ会議の設定です。みんなのスケジュールを確認し、日時と場所、会議テーマをメールで告知しました。「四月九日午後一時~二時、○○会議室において職場改善プロジェクト会議を行います。内容は〝みんなが今思っている現状の共有〟です」

「会議を開くときは、事前に社内チャットやメールなどで日時・場所・内容について告知しておこう。社内の会議招待ツールがある場合は、そちらを利用しましょう。会議室の空き状況は必ず確認しておこうね」

根回しも大事

最後にこれだけは、とT先生から言われたのは、**最終的に決定する権限のあるA課長と、古株で実質リーダー的存在のB係長には自分の考えを伝えておく**ということでした。

そこで「九月までの会議のスケジュール」と「参加メンバー」と、「こんな感じで進めたい」ということを自分の中でざっくりと整理し、二人と共有しておくことにしました。

F君がT先生に手伝ってもらって考えた、全社会議プレゼンまでのスケジュール

会議は毎月一回、開催する

時間は各一時間程度

四月　キックオフミーティング　メンバーがどう思っているかの現状共有
五月　目指したい理想の会社、職場のイメージを話し合い共有する
六月　来期に向けた職場改善の目標決め
七月　目標に向けてリサーチした結果報告とプレゼンに向けての役割分担
八月　進捗状況確認、さらに話し合って煮詰める
九月　プレゼン発表

二人に共有するときの注意点としては、「伝えるときの言い方には、気をつけること」。

「こういうふうに進めていいですか？」ではなく、

「全員参加で、こういうふうに進めていこうと思います。なにか気になる点があればご指摘ください」

という言い方をするようにとアドバイスをもらいました。

T先生からのアドバイス

『いいですか？』という聞き方では、許可と決裁をあおぐ流れになってしまうでしょう？

こちらはとりあえず任せてもらっているのだから、〝『これで行きたいです』と内容を知ってもらい、懸念点がないかを確認したうえで共有する〟形を取ることが大切。

そして、根回しは、組織の肩書としてのリーダー以外にも、『実質リーダーは誰なのか？』を見極めて確認を取っておくこと。会議を上手く進めるためには欠かせないよ」

キックオフミーティング開始

いよいよ会議当日です。

会議室のホワイトボードには、T先生のアドバイスを受けて、

ホワイトボードに書いておこう

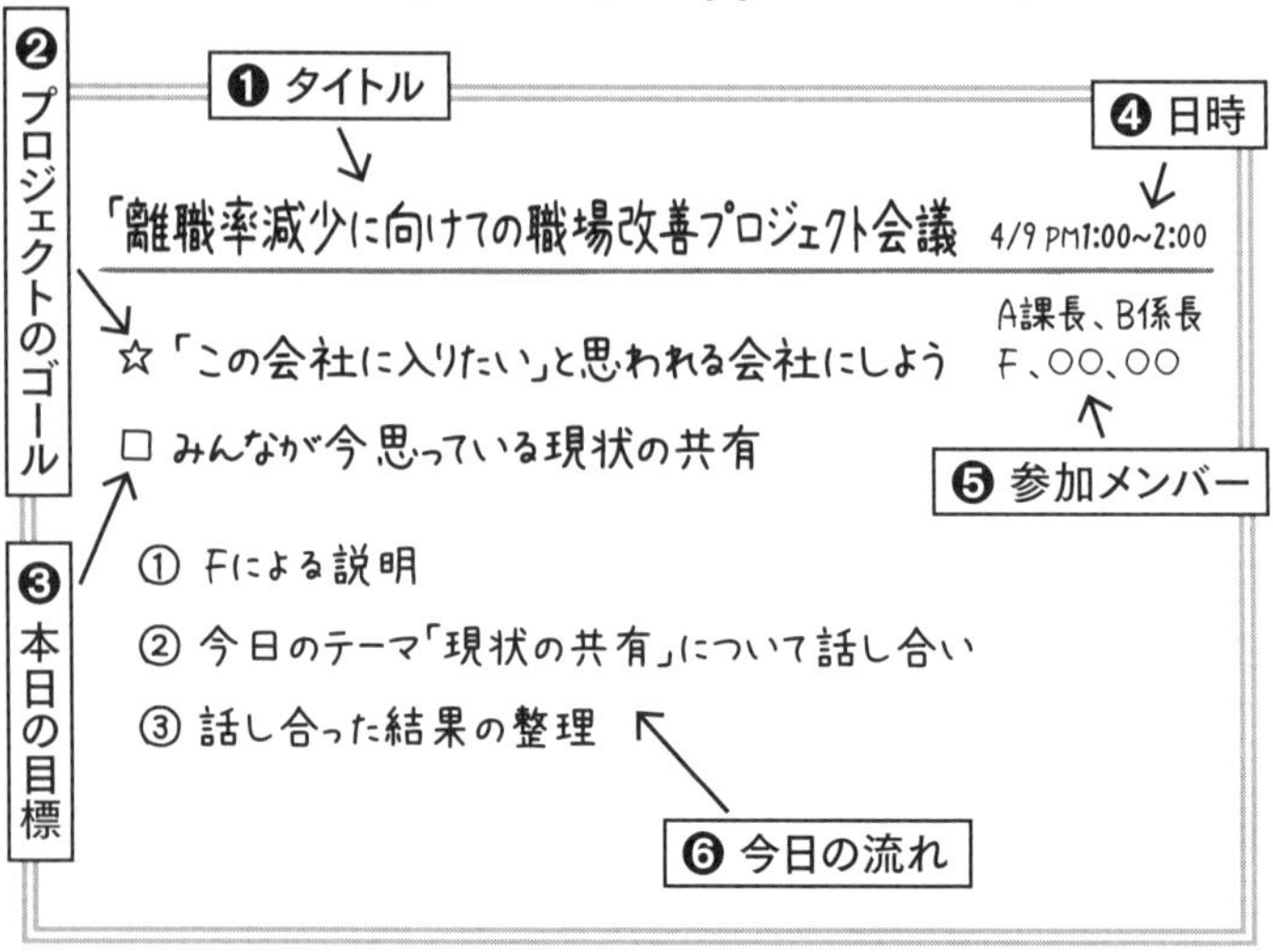

①タイトル（「離職率減少に向けての職場改善プロジェクト会議」）
②プロジェクトのゴール（「この会社に入りたい」と思われる会社にしよう）
③本日の目標「みんなが今思っている現状の共有」
④日時（四月九日　午後一時〜二時）
⑤参加メンバー（A課長をはじめとする企画部のメンバーの名前）
⑥今日の流れ

がきっちり書かれています。

全員が揃ったところで、まずはA課長に今回の職場改善会議について、社長からどのような話があったのか、そのあたりの経緯についで話してもらいました。

続いてF君が、

「今回、僭越《せんえつ》ながらファシリテーターに指名されたので、職場改善について私なりに勉強してきました。資料もいくつか揃えてきました」

と、自分が調べたことについて、要約して十分ほど説明をしました。

いよいよミーティングに入ります。F君はまず、九月まで毎月一回会議を開きたいことと、プレゼンまでのスケジュールをみんなに伝えました。気になることはないかを確認したら、いよいよ今日のテーマ「現状の共有」です。

「私が調べたところ、職場改善につながる、重要なキーワードがいくつかありました。

・法令遵守をしているか、・コミュニケーションはどうか、・相互理解のための情報共有はできているか、・福利厚生はどうなのか、・職場環境はどうか、といった項目です。

これらの項目について、みなさんが今の段階でどう思っているか、まずは意見を出していただいて共有をしたいと思います」

と、これから具体的に話し合う内容を伝えました。そして、

「どんな意見があるのか、みなさんに出していただき、整理するところまでやりたいと思いますので、よろしくお願いします」

と今日のゴールを設定しました。

「会議を開くときに大事なのは〝ゴール〟と〝目的〟の確認です」by T先生

ゴールとは「その会議の場で何を成果として出すか」ということ。

誤解されている場合もありますが、**「〜について話し合う」というのはゴールではありません。** それは、「会議の場で当たり前に行っていること」です。会議におけるゴールとは、話し合ったうえで「何をアウトプットするのか」を明確にしたもの。「今日は何がまとまったらOKなのか」を最初に決めておくということです。

「この会議で何を決めるのか、ゴールを明らかにする」

「何のために話し合いをするのかという背景を理解してもらう」

ゴールをしっかり伝え、共有することで会議が引き締まり、成果も上がるのです。

付箋を使って意見を出してもらう

F君はホワイトボードに「法令遵守」「コミュニケーション」「情報共有」「福利厚生」「職場環境」という項目を書き、線を書いてスペースを分けると、用意した**強粘着タイプの付箋と裏写りしない太いペン**をメンバーに配りました。

「それぞれの項目について、『改善したいな』とか『気になるな』ということを、みなさん一〇枚くらい書いてもらえますか？」

「一〇枚も書くの？」とB係長が少しイヤそうな顔をしましたが、「よろしくお願いします。一枚に一項目ですから」とニッコリ笑って付箋を受け取ってもらいました。事前に進め方を共有し確認してもらっていたおかげか、B係長もそれ以上は何も言いません。渋々ではありますが、書き始めてくれました。みんなに書いてもらう時間を五分取ったら、そ

書いた付箋を、ホワイトボードのそれぞれの項目に貼る

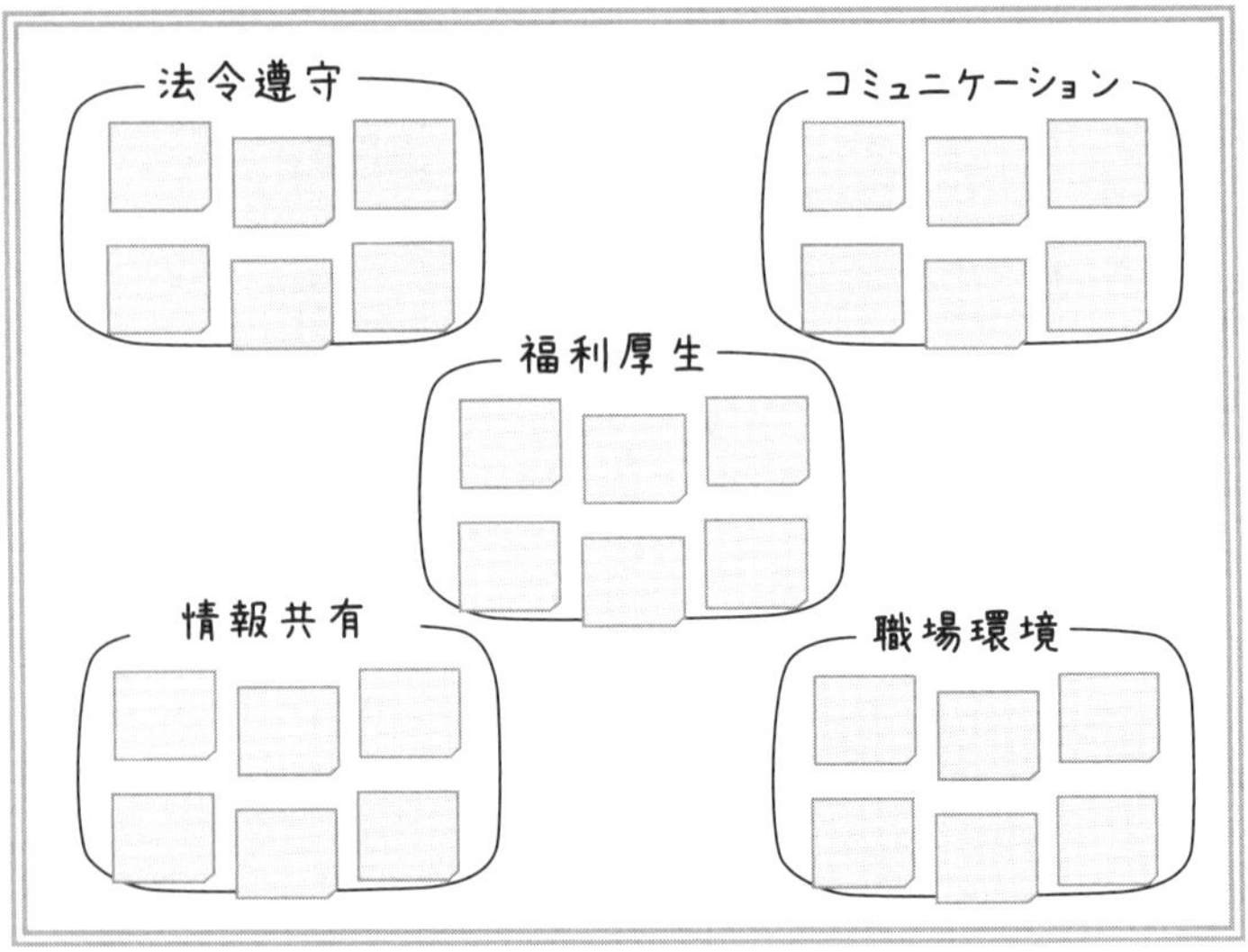

ここからは共有です。

「みなさん、書いた付箋を、ホワイトボードのそれぞれの項目に貼ってください」

メンバーは席を立って、けっこう楽しそうにホワイトボードに付箋を貼っています。

「似たような意見は、重ねて貼るか、近くに寄せてくださいね」

みんなの付箋が貼られたら、ホワイトボードの周りに集まって、「これはどういうことですか？」と質問し、話し合いを始めます。

「コミュニケーション」の項目には「挨拶がない」という付箋が貼られています。「挨拶がないって、例えばどういう挨拶がないってことですか?」とF君。

貼り出した付箋をめぐって会話が盛り上がりました。

話しながら出てきた新しい意見は、F君が付箋に書いてペタペタ貼り出し追加します。話をしながら、「これはこの項目に入りますね」「これに近い意見は多いですね」と出てきた意見をみんなで整理していきました。

「なるほど、いろいろ出てきましたね。それでは、次回までに、私がそれぞれの項目についてまとめておきます」

ここまでで、今日のゴール「みんながどう思っているのかの共有」は達成です。

「次回の五月の会議では、**今のこの状態をどういう未来にするのか、について話し合いたいと思います。**今後どういう職場にしていきたいか、『この会社に入りたい』と思えるような理想の会社とはどういう会社なのか、ということをテーマに議論したいのですが、よろしいですか？」という問いかけをしました。

みんなの「いいよ」「いいんじゃない」という了解を得て、キックオフミーティングは終了しました。

T先生からのアドバイス

「会議を終えるときするべきことは、基本はどの会議も同じ。『今日はここまできました。次回はこういうことをやりたいと思います』とその回の成果を確認した後、次回のテーマを告知し『それでいいですか？』と了解を取ろう。次回の日時が決まっていない場合は、ここで決めておくとスムーズ」

「参加者から、意見を出してもらうやり方はほかにもいくつかあります」by T先生

どの方法も一長一短があります。

テーマやチームの雰囲気に合わせた方法を選んでやってみましょう。

1　付箋を使う

メンバーそれぞれに、意見を一枚の付箋に一つずつ記入してもらいます。大きめの付箋と裏写りしない太いペンを用意しましょう。ここでは、必ず太いペンを使うのがポイント。そうすることで、「付箋紙一枚に一ネタ」のルールが守られやすくなり、みんなで眺めて議論するときにも見やすくなるからです。

ホワイトボードに貼る場合は、強粘着タイプのしっかりと付く付箋を用意してください。普通の付箋では粘着力が弱く、時間が経つとハラリハラリと落ちてしまいます。書くスピードには個人差もありますので、短い調整休憩を取るなどして、みんなに書いてもらう時間をちゃんと確保しましょう。

《メリットと注意点》

メリットは一人ひとりがじっくり考えて、いろんな意見を出したうえで共有し、貼り替えながら議論ができること。利用にあたっての注意点は、「付箋に書く」という作業そのものがやらされ感でイヤだなと思う人がいること。何のために付箋を使うのか、付箋を使うメリットなどをしっかり伝えておきましょう。B係長への対応のように、事前に進め方を共有しておくのもおすすめです。

また、付箋は書き言葉なので細かいニュアンスが入ってきません。貼り出した後は、「これってどういうことですか?」と質問し、話し合う時間を必ず取りましょう。

2 ホワイトボードに意見を書く

板書係を置いて、みんなから出てきた意見をホワイトボードに書き出すやり方です。板書係はメンバーの中の若手にお願いするのもおすすめですが、聞きながら書くのはなかなか大変です。うまくいかない場合は、「聞き手」と「書き手」を分けてみましょう。ファシリテーターは相手の意見を「ふんふん」と聞く「聞き手」になります。相手の話に相づちを打ちながら、話しやすい態度で聞くのがポイント。出てきた発言は「○○さんのご意見は、こういうことですか?」と確認します。そのうえで、「今の意見はこういうふうに書いてくれる?」と書き手に伝えて書いてもらいましょう。

ホワイトボードは、**本人が言ったことがちゃんと書かれている状態を目指しましょう。**

そのためにも、「これでいいですか？」と発言者に確認を取ることが非常に大切です。もしも、「ちょっと違う」と発言者から言われたら、どう書けばいいかを聞いて訂正しましょう。

発言が長かったり、意図がよく理解できなかった場合も、「すみません、今の意見は何と書いておけばいいですか？」と発言者本人にまとめてもらうとスムーズです。

《メリットと注意点》

ホワイトボードが常設されている会議室であれば、その場にある道具だけで議論の「見える化」が手軽にできます。また、参加者は普段通りに話すだけですから、フランクで気楽な雰囲気を作りやすく、参加者への負担感もあまりありません。みんなの目線が上がることで、前向きな気分を生み出しやすくなることも大きな効果の一つです。

注意点は、ホワイトボードに書く人のスキルに影響されるということ。また、みんなから意見を拾うには、全員が話せる流れを作るなど、工夫が必要です。自由な議論の場では、どうしてもよく話す人に偏りがちですから、「○○さん、いかがですか？」というふうに指名することも有効です。その場合は、参加している人の表情や態度をよく見て、少し考え込んでいるような人、板書をじっと眺めている人など、考えをもっていそうな人を指名するようにしましょう。

3　事前に書いてもらっておく

会議の事前告知のときに、「考えておいてほしいこと」を項目にまとめて共有しておきます。テーマによっては、「これらの項目について意見を記入して、○○日までに私に送ってください」と事前提出を依頼するのもおすすめです。社内チャットやメールでもいいですし、紙を渡して意見を記入してもらう方式でもＯＫ。

会議が始まるときには、すでにみんなの意見が手元にありますから、プリントしたものを共有しながら進めていくことができます。集まった意見を見ながら、どんな流れになりそうか、イメージしてみましょう。もし意見が対立している場合や、ファシリテーターの意図とは違う意見が書かれている場合は、会議前に個別に話を聞いておくなど、事前にコミュニケーションしておくと、当日慌てずにすみます。

《メリットと注意点》

事前に意見が出揃うこと、議論をすぐ始められることなど、メリットも多くありますが、参加者への負担感が大きく、やらされていると感じて不満を抱く人も出るかもしれません。参加者に負担を感じさせない項目の分量や、締め切り設定も重要です。もちろん、何のためにこれに記入し、提出してもらうのか、といった目的もきちんと共有しておきましょう。

理想の職場について議論する
～自社の将来ビジョンを意識しよう〈二回目の会議〉～

五月に開かれた職場改善プロジェクト会議では、理想の職場について議論が交わされました。

「議論するときに気をつけたほうがいいことってありますか？」とT先生に聞いてみたF

君。T先生のアドバイスは次のようなものでした。

「理想の職場を考えるときにぜひ意識してほしいのは、自社の理念やクレド、ビジョン、ミッションなどみんなに共有されているもの。そして、『中長期経営計画』の内容かな。それらを改めて確認し、意識しながら議論していくようにしてね。例えば、『地域貢献』というキーワードがあるならば、どんな貢献ができる職場になるとよいかを考えるとより具体的になるでしょう？　また、『社員とお客様の幸せ』という言葉からは、『お客様も自分たちも幸せになれる職場って、どんな職場だろう』という議論もできるんじゃないかな。

何に基づいて議論したのかを明確にしておくことで、これから取り組む内容の意義が伝わりやすくなるし、周囲への説得力も増すはずだよ」

出てきた意見を分類しよう
～チャートを使って内容の整理〈三回目の会議〉～

六月の三回目の会議では、キックオフミーティングで出てきたみんなの意見を整理して、企画部として取り組むことを決めました。

F君は持ち帰ったみんなの意見をまとめ、話し合いの結果出揃ったものを付箋に書いて用意しました。

そこからは、T先生に教えてもらった「Tチャート」で整理する方法の出番です（55ページ参照）。

みんなから出てきた職場改善の意見の中で多かったのが「給料を上げてほしい」という要望でした。しかし、今回の会議のゴールは「自分たちの部門で取り組むことを決める」です。

「出てきた意見は、自分たちで取り組んで解決できることなのか、解決できないことなのかをきちんと整理しなきゃ。解決不可能なことをいくら話し合っても、時間のムダになっちゃうからね」とは、T先生に言われたこと。給料を上げるのは、自部門の力だけではどうしようもありません。

F君は「この中で企画部として取り組めることって、どれでしょうね」とみんなに問いかけました。ホワイトボードの上部に、「自分たちの部門で取り組むこと」と書き、ホワイトボードのタテ線の左のスペースには「自分たちで解決できる」、右のスペースには「自分たちだけでは解決できない」と書きます。

そのうえで、みんなで付箋を手に、「できる」「できない」を振り分けました。

整理ができたら、今度は「すぐに取り組めるもの」と「時間がかかるもの」という時間軸での整理です（これもTチャートを使います）。

「すぐにできるものは、今日からやろうよ」と同期のメンバーが発言し、全員が賛成。「挨拶をする」「ホワイトボードはいつも消してきれいにしておく」などの項目については、早速取り組み、毎月の会議でできているかどうかの進捗状況を確認することになりました。

さて、最終的に、来期に企画部として取り組む目標としたのは「情報共有・相互理解」の項目で挙がっていた「社内情報の共有ツールの整備」です。

情報共有が今一つうまくいっていないために、「自分だけが頑張っているように思う」「忙しい人に仕事が集中してしまっている」「他の人が何をしているのかわからない」という意見があり、メンバー同士が情報を共有して、もう少し一体感をもてるようにしたい、ということで選ばれたテーマです。

次回からは、この取り組みについて話し合おうということに決まりました。

情報収集やディスカッション
～みんなのやる気を引き出そう～

テーマが決まってから、F君たち若手が中心となって社内情報の共有ツールについての自主的な情報収集が始まりました。

「こんなアプリがありました」「それいいね」「運用ルールも決めたほうがいいよね。夜間の投稿は何時までとか、休日の投稿はキホン控えるようにとかさ」「あ、それも大事だよねー！」というような会話が仕事の合間に交わされるようになってきました。

F君が意識していたのは、メンバーから出てきた情報やアイデアには、「ありがとう」と返すこと。すでに誰かから提供された情報だったとしても、「調べてくれてありがとう」と感謝の気持ちを伝えました。前向きなコミュニケーションがしやすい雰囲気になり、メンバーも段々と積極的に意見を出してくれるようになりました。

七月の四回目の会議では、プレゼンに向けて、次のような役割を決めました。

・社内チャットなど情報共有ツールの活用事例を調べる
・情報共有の運用マニュアル、サンプル作り
・プレゼンのための資料作り
・プレゼン発表のときの手伝い

「モチベーションが上がる役割分担のコツ」by T先生

人にはそれぞれ、得手不得手があります。その人の得意なところを活かして、自主的に役割を引き受けてもらえるのがベストではありますが、なかなかそううまくはいきません。

役割を決める際には、まず、どんな役割があるか、求められるアウトプットや行動は何か、といった「役割の中身」をできるだけ具体的にします。そのうえで、誰がやるかを決めていきましょう。

決める際、往々にして「やりたい人？」「やれる人？」という聞き方をしてしまいがちですが、それはちょっと危険。自主的に選んでもらおうとしても、みんな積極的にやりたいわけではないことが多いので、なかなか手は挙がりません。シーンとした重い空気が流れるのも、よくあることです。

もしもそうなりがちなら、次のような言い方を試してみてください。

「この中で、これならやってもいいよっていうのはどれですか？」

と問いかけ、一人ひとりに選んでもらいます。必ずどれかを選択するよう促すことで、

「……うーん、どれと言われても選びにくいんだけど……。これって具体的にはどんな作業があるの？」という質問や、「一人では無理だけど、誰か他にも手伝ってくれるなら……」といった発言が出てきやすくなります。

ある程度作業内容も明確になっているのであれば、ホワイトボードに役割を書き出して、自分の名前を自分で書いてもらうやり方もあります。その場合は、ファシリテーターはホワイトボードから離れ、みんながホワイトボードに向かって意見交換したり、考えたりできる状態を作りましょう。

決まったことをどうフォローするか

「役割分担が決まったあとに大事なのは、次の会議までに、個別のミーティングなど進捗共有の方法も決めておくこと」とT先生。

次の会議まで、何のフォローもしないままだと、いざ集まったときに「忙しくて時間が取れなくて……」ということも起こりがち。それでは他のメンバーのやる気もダウンしますし、進行も滞ってしまいます。役割が決まったら、どうやって進捗状況を確認するかも決めておきましょう。メンバーによっては、「任せてくれたら大丈夫」という人もいれば、「ちょっと不安」という人もいます。必要に応じてフォローできるよう、ここで確認しておきましょう。

朝礼や定例ミーティングなど、みんなが集まるタイミングがあるのであれば、そこで進捗が確認できるよう、決めておくことも有効です。

さすが企画部はやるね！

それぞれの夏休みも間に入るために、八月末にズレ込んだ五回目の会議、九月の発表前に実施した直前ミーティングを経て、いよいよ全社会議のプレゼンの日がやってきました。

企画部が出した情報共有のための社内チャットの活用プランはなかなか好評で、特にF君も手伝い、チームの若手二人が作った運用マニュアルは、完成度が高いと注目を集めました。

これも、みんなでいろいろ調べているときに、コンサートやイベントを積極的に開催しているママさんサークルのSNS投稿マニュアルを見つけた成果。マニュアルについて情報収集する中で、社内の育休経験のある社員から、「私が参加していたサークルで、こんなマニュアルがあったよ」と紹介してもらえたのが功を奏しました。そのおかげで、痒《かゆ》いところにまで手が届く、わかりやすく使いやすいマニュアルを提案することができたのです。

今回のプロジェクトや職場改善会議を通じ、P社企画部内のコミュニケーションや、会議の進め方も随分とレベルアップしました。今までになくチームメンバーの気持ちが一体となり、チームとしてのまとまりを強めることができました。

F君も〝仕事のできる男〟というイメージがそれとなく定着し、意欲的に、楽しそうに仕事に取り組んでいます。

おわりに

「必要とする誰かにとって、お守りのような本になりますように」

そう考えながら書いてきた書籍も七冊目。第6章のF君のように、「リーダーを任された」「バラバラのメンバーをまとめたい」けれども、どう会議を進めれば良いかわからない……。と悩む方々をイメージしながら、まとめたのが本書です。

一冊目の本を上梓《じょうし》してから七年目のこれまでの間に、ファシリテーションを行う現場はリアルからオンラインへ、そしてリアルとオンライン同時進行のハイブリッド型へと大きな変化を遂げました。

それに伴い、オンラインでの場作りについてご相談をいただくことも随分増えました。

もちろん、オンラインだからこそやるべきこともありますが、あえていつもお伝えしているのは、リアル、オンラインに関係なく押さえるべき「ファシリテーションの基本」です。

対話するのは何のためなのか
その場で、どんな成果を生み出したいのか

会議やミーティングを実施することで、どんな「Before & After」を生み出したいのかを明確にしておくことが、「参加して良かった」「話し合えて良かった」と参加者みんなに感じさせる場作りには欠かせません。

本書がそういった基本を伝える一冊となり、より良い対話の場を目指す皆さんにとっての「お守り」となることを願って止みません。

「IT化が進む中、人間力ともいえるファシリテーションのスキルや考え方が、必須になる」と力強く執筆を後押ししてくださったPHP研究所第二制作部、姥康宏さんのサポートなくして、この本が完成することはありませんでした。

また、子育て中の母親が地域の中で自分らしく子育てできる社会を目指す、非営利型一般社団法人ぬくぬくママSUN'S代表中村香菜子さんからは、執筆するうえで参考となる資料を快く提供いただきました。

会議やミーティング、研修やイベントなどを通じ、私にファシリテーション実践の機会を与えてくれる数多くの関係者の皆さま、そんな機会を逃さずどんどん出かけていく私を後方支援してくれる家族や仲間など、書き尽くせぬ多くの方々にも心からの感謝を伝えます。

そして、本書を手に取ってくださったすべての皆さまへ。

様々な想いや考え方をもった多様なメンバーが集まる場では、発言しやすい場になればなるほど、意見の衝突や対立が生まれる可能性も高まります。悩んだときには、ぜひ本書を開いて対応のヒントを見つけてください。そして、もしサポートが必要になったら、いつでもぜひご相談くださいね。Ｆ君にとってのＴ先生を目指して、私も日々レベルアップしておきます。

明るい未来を作るのは、私たちそれぞれの今日の小さな一歩から。困難な状況をポジティブに捉え、前向きに乗り越えていくこれからのアクションを心から応援しています！

谷　益美

〈著者略歴〉

谷　益美（たに・ますみ）

コーチ、ファシリテーター。株式会社ONDO代表取締役。

1974年、香川県生まれ。香川大学卒。

建材商社営業職、IT企業営業職を経て2005年独立。早稲田大学ビジネススクール非常勤講師。一般社団法人国際コーチング連盟日本支部顧問。NPO法人日本コーチ協会四国チャプター相談役。

専門はビジネスコーチング及びファシリテーション。企業、大学、官公庁などで、年間約200本の実践的学びの場作りを行う。雑誌やウェブサイトへの記事寄稿、取材依頼等多数。

著書に、『リーダーのための！　ファシリテーションスキル』『まとまる！決まる！動き出す！　ホワイトボード仕事術』（以上、すばる舎）、『チームの成果を最大化する　オンライン会議BASICS100』（日本能率協会マネジメントセンター）などがある。

株式会社ONDO　https://ondo.company

入門 新リーダーの必須スキル
チームがまとまる！成果が上がる！ ファシリテーション・ノウハウ

2021年9月28日　第1版第1刷発行

著　者　谷　益美
発行者　後藤淳一
発行所　株式会社ＰＨＰ研究所
東京本部 〒135-8137　江東区豊洲5-6-52
第二制作部　☎03-3520-9619（編集）
普及部　☎03-3520-9630（販売）
京都本部 〒601-8411　京都市南区西九条北ノ内町11
PHP INTERFACE　https://www.php.co.jp/
制作協力
組　版　株式会社PHPエディターズ・グループ
印刷所
製本所　図書印刷株式会社

ISBN978-4-569-84704-7